SENDEROS 1

Spanish for a Connected Wor

Assessment
Program

VISTA®
HIGHER LEARNING

ISBN: 978-1-68005-244-2

3 4 5 6 7 8 9 BB 22 21 20 19 18

Table of Contents

TESTS

EXAMS

AUDIO SCRIPTS

OPTIONAL TEST SECTIONS

ANSWER KEY

Introduction

Senderos Assessment Program

The **Senderos** Assessment Program contains quizzes for each **Contextos** section and **Estructura** grammar point, six tests for each lesson, two versions of a cumulative final exam, oral testing suggestions, optional testing sections, and scripts for the listening activities. All components of the printed Assessment Program are available online in RTF.

Vocabulary and Grammar Quizzes

The **Senderos** Assessment Program offers one Quiz for each lesson's **Contextos** section and every grammar point in **Estructura**. Each **Quiz A** uses discrete answer formats, such as multiple-choice, fill-in-the-blanks, matching, and completing charts, while **Quiz B** uses more open-ended formats, such as asking students to write sentences using prompts or respond to a topic in paragraph format. There is no listening comprehension section on the **Quizzes.** Each quiz is one to two pages in length and is based on a 20-point scale. These quizzes are ideal for spot-checking student comprehension of lesson vocabulary or a specific grammar topic. They can be completed in 5–10 minutes.

The Lesson Tests

The lesson tests consist of three different sets of testing materials per lesson, with two versions per set. **Tests A** and **B** are three pages long; they contain open-ended questions requiring students to write sentences and paragraphs, as well as discrete-answer activities. Versions **A** and **B** are interchangeable, for purposes of administering make-up tests.

Tests **C** and **D** are briefer and also interchangeable. **Tests A, B, C,** and **D** have been updated and edited to simplify the instructions to students.

Tests **E** and **F** are a third interchangeable pair that test students' mastery of lesson vocabulary and grammar. This pair uses discrete answer formats, such as matching, multiple-choice, and fill-in-the-blanks. **Tests E** and **F** can be assigned online and are graded by computer. All of the **Tests** contain a listening comprehension section.

Each **Test** begins with a listening section that focuses on the grammar, vocabulary, and theme of the lesson. For this section, you may either read from the script in the Assessment Program or play the recording on the Assessment Program MP3s, available online and on the Teacher's Resource DVD. For **Tests A** and **B** and **Tests E** and **F**, the recordings consist of narrations presented in a variety of formats, such as commercials, radio broadcasts, voicemail messages, television broadcasts, and descriptive monologues. The accompanying exercises focus on global comprehension and, where appropriate, students' ability to understand key details. You should therefore prompt students to read the items in the listening comprehension section before playing the audio or reading the script aloud. For **Tests C** and **D**, students must listen to and answer personalized questions, which are designed to incorporate the lesson's theme and vocabulary while prompting students to respond using the new grammar structures.

After the listening section, you will find test activities that check students' knowledge of the corresponding lesson's active vocabulary and grammar structures. For **Tests A** and **B**, activities combine open-ended questions with discrete answer items. Formats include, but are not limited to, art-based activities, personalized questions, sentence completion, and cloze paragraphs. For **Tests C** and **D**, primarily open-ended formats are used, and for **Tests E** and **F**, discrete answer items are used.

All tests incorporate a reading section. Readings are presented as various forms of realia, such as advertisements, articles, or personal correspondence. Each reading is accompanied by a set of questions designed to test students' overall comprehension of the text.

Tests A, B, C, and **D** end with a writing activity that emphasizes personalized communication and self-expression. Students are asked to produce a brief writing sample designed to elicit the vocabulary and grammar of the corresponding textbook lesson within a realistic context.

Tests A, B, E, and **F** are three pages each and are based on a 100-point scale. They are designed to take about 25–30 minutes. **Tests C** and **D** are two pages each and are based on a 50-point scale. They should take students about 15–20 minutes. Point values for each test section are provided in parentheses at the end of each direction line.

The Cumulative Final Exams

The final exams follow the same general organization as **Tests A** and **B**. Each **Exam** begins with a listening comprehension section, continues with achievement- and proficiency-oriented vocabulary and grammar checks, and ends with a reading activity and a personalized writing task. The exams are cumulative and comprehensive, encompassing the main vocabulary fields, key grammar points, and principal language functions covered in the corresponding textbook lessons. Scripts for the listening passages are located in the same separate section of this Assessment Program as the scripts for the **Tests**.

Like **Tests A** and **B**, each **Exam** is based on a 100-point scale. Point values for each activity are provided in parentheses at the end of each direction line. The exams are six pages each and are designed to take 40–50 minutes.

The Optional Test Sections

For instructors who wish to evaluate students in areas outside the scope of the **Tests** and **Exams,** five optional sections are provided for each set of tests and exams. Four brief activities separately review the **Fotonovela** video, the **Panorama** textbook section, the **Panorama cultural** video, and the **Flash cultura** video. In addition, an alternative listening section is provided for **Tests A** and **B** and **Exams A** and **B**, in which students answer personalized questions instead of listening to a narration and completing a comprehension exercise. Each activity should take 5–7 minutes.

The Assessment Program MP3s and Test Files

The Assessment Program includes the quizzes, tests, exams, audioscripts, optional test sections, and answer key in RTF, as well as the audio recordings for the tests and exams in MP3 files.

The Oral Testing Suggestions

Suggestions for oral tests are offered for groups of three lessons. The suggestions consist of two options: personalized questions and situational role-plays. As is standard for proficiency-oriented assessments, the situations are given in English so as not to reveal to students the Spanish vocabulary fields and structures they are intended to elicit. The questions, on the other hand, are provided in Spanish to allow you to use them readily without time-consuming advance preparation.

Some Suggestions for Use

While the materials in the quizzes, tests, and exams reflect the content of the corresponding lessons in the **Senderos** Student Text, you may have emphasized certain vocabulary topics, grammar points, or textbook sections more than others. It is therefore strongly recommended that you look over each test or exam before you administer it, to ensure that it reflects the vocabulary, grammar, and language skills you have stressed in class. Additionally, you should feel free to modify any test or exam by adding an optional test section or adapting an existing activity so that the testing material meets the guidelines of "testing what you teach." The editable RTF Test Files online are a useful tool for this purpose.

You can alleviate many students' test anxieties by telling them in advance how many points are assigned to each section and what sorts of activities they will see. You may even provide them with a few sample test items. If, for example, you are going to be administering **Test A** for **Lección 1**, you may want to show students items from **Test B**.

When administering the listening sections of the tests or exams, it is a good idea to begin by going over the direction lines with students so that they are comfortable with the instructions and the content of what they are going to hear. You might also want to give them a moment to look over any listening-based items they will have to complete and let them know if they will hear the narration or questions once or twice. If you read from the scripts yourself instead of playing the Assessment Program MP3s, it is recommended that you read each selection twice at a normal speed, without emphasizing or pausing to isolate specific words or expressions.

Like many instructors nationwide, you may want to evaluate your students' oral communication skills at the end of each semester or quarter. For ideas and information, see the Oral Testing Suggestions section in this Assessment Program.

*The **Senderos** Authors and the Vista Higher Learning Editorial Staff*

Oral Testing Suggestions

As you begin each oral test, remind students that you are testing their ability to understand and produce acceptable Spanish, so they must give you as complete an answer as possible. It is strongly recommended that you establish a tone in which the test takes on, as much as possible, the ambience of natural communication, rather than that of an interrogation or artificial exchange in which the instructor asks all the questions and students answer them. To put students at ease, start with small talk in Spanish, using familiar questions such as ¿Cómo estás? and commenting on the weather or time of day. During the test, it is also a good idea to give students verbal or gestural feedback about the messages they convey, including reactions, comments, signs of agreement or disagreement, or transitions in the form of conversational fillers. Finally, as you end the test, it is recommended that you bring students to closure and put them at ease by asking them simple, personalized questions.

If the oral test revolves around a situation, you can have two students interact, or you can play the role of one of the characters. To build students' confidence and comfort levels, you might want to begin the interaction so that students have some language to react to.

Many evaluation tools or rubrics exist for the grading of oral tests. The following is a simplified rubric, which you should feel free to adjust to reflect the type of task that students are asked to perform, the elements that you have stressed in your classes, and your own beliefs about language learning.

Oral Testing Rubric

Fluency	1	2	3	4	5	**24–25**	Excellent (A)
Pronunciation	1	2	3	4	5	**21–23**	Very Good (B)
Vocabulary	1	2	3	4	5	**18–20**	Average (C)
Structure	1	2	3	4	5	**15–17**	Below Average (D)
Comprehensibility	1	2	3	4	5	**Below 15**	Unacceptable (F)

Oral Testing Suggestions for *Lecciones 1–3*

Preguntas

- ¿Cómo te llamas?
- ¿Cómo estás?
- ¿De dónde eres?
- ¿Cuántos años tienes?
- ¿Dónde vive tu familia?
- ¿Dónde vives tú?
- ¿Cuál es tu (número de) teléfono?
- ¿Tienes una familia grande?

- ¿Tienes hermanos? ¿Cuántos?
- ¿Tienes un(a) mejor amigo/a? ¿Cómo es?
- ¿Cómo son tus padres? ¿Cómo se llaman?
- ¿Qué tienes que hacer hoy?
- ¿Qué tienes ganas de hacer esta noche?
- ¿Qué clases tomas?
- ¿Qué hay en tu mochila?
- ¿Trabajas? ¿Dónde?

Situación

You run into a Spanish-speaking friend at your school. Greet your friend, talk about the classes you are taking (what they are, the days of the week and/or time of day they take place) and what the professors are like. Then say goodbye.

Oral Testing Suggestions for *Lecciones 4–6*

Preguntas

- ¿Cómo pasaste tus ratos libres el fin de semana pasado?
- ¿Qué hiciste anoche?
- ¿Qué vas a hacer el fin de semana que viene?
- ¿Qué quieres hacer esta noche?
- ¿Adónde vas esta tarde después de la clase?
- Cuando estás de vacaciones, ¿qué haces?
- ¿Qué lugares bonitos conoces para ir de vacaciones?
- ¿Piensas ir de vacaciones este verano? ¿Adónde? ¿Por qué?
- ¿Sales mucho? ¿Cuándo sales? ¿Con quién(es)?
- ¿Sabes hablar otras lenguas? ¿Cuáles?
- ¿Dónde te gusta ir cuando hace buen tiempo? ¿Por qué?
- ¿Qué te gusta hacer cuando llueve/nieva?
- ¿Qué están haciendo tus compañeros/as de clase ahora mismo?
- ¿Qué están haciendo tus amigos/as en este momento?
- ¿Cuáles son tus colores favoritos?
- ¿Qué ropa llevas en el invierno? ¿En el verano?

Situación

You are in a store looking for some new clothes to wear to a party. Interact with the sales clerk. Find out how much at least three articles of clothing cost, and buy at least one item.

Contextos   **Lección 1**

Miniprueba

1 Ordenar Order the questions and statements from 1 to 6. (6 x 1 pt. each = 6 pts.)

_____ a. Soy de Nicaragua.

_____ b. Bien, gracias. Soy Felipe.

_____ c. Igualmente. ¿De dónde eres tú, Elena?

_____ d. Buenas tardes. Me llamo Elena. ¿Cómo estás?

_____ e. Mucho gusto, Felipe.

_____ f. Soy de España, ¿y tú?

2 Conversación Write a formal conversation between two people who are sitting next to each other at a business meeting. (6 x 1 pt. each = 6 pts.)

SR. DÁVILA   **Buenas tardes, señor García.**

SR. GARCÍA   (1) _____, _____.

              (2) ¿_____?

SR. DÁVILA   (3) _____ . ¿_____?

SR. GARCÍA   (4) _____.

SR. DÁVILA   (5) _____.

SR. GARCÍA   (6) _____.

3 Escribir Write a conversation between two students who are meeting for the first time. Have them greet each other, ask each other how they are doing, ask each other where they are from, introduce a third person, and say goodbye. (5 pts. for vocabulary + 3 pts. for dialogue accuracy = 8 pts.)

_____

_____

_____

_____

_____

_____

_____

_____

_____

_____

_____

_____

Nombre _____ Fecha _____

Estructura 1.1

Lección 1

Miniprueba

Quizzes

1 Clasificar For each category, write four Spanish words you learned in this lesson. Include the definite article. (8 x 1 pt. each = 8 pts.)

People	Objects
_____	_____
_____	_____
_____	_____
_____	_____

2 Asociaciones Choose six items and provide an associated word or phrase for each one. Include definite articles. Follow the model. (6 x 1 pt. each = 6 pts.)

modelo
math class **el número**

1. Mexican _____

2. DVD _____

3. group of travelers _____

4. people who teach _____

5. Chile _____

6. words and definitions _____

7. 24 hours _____

8. taking notes in class _____

9. packing before a trip _____

10. people who study _____

3 En la escuela List six people or things that you see in school every day. Include the indefinite article for each word. (6 x 1 pt. each = 6 pts.)

1. _____

2. _____

3. _____

4. _____

5. _____

6. _____

Estructura 1.2   Lección 1

Miniprueba

1 Matemáticas Write six math problems. Use **más** for *plus*, **menos** for *minus*, and **son** for *equals*.
(6 x 1 pt. each = 6 pts.)

modelo
Dos más diecisiete son diecinueve.

1. _____
2. _____
3. _____
4. _____
5. _____
6. _____

2 ¿Qué hay? Answer the questions about your school using complete sentences. (7 x 1 pt. each = 7 pts.)

1. ¿Cuántos profesores de español hay?

   _____

2. ¿Cuántas fotos hay en la clase de español?

   _____

3. ¿Cuántas clases de español hay?

   _____

4. ¿Hay computadoras en la biblioteca (*library*)?

   _____

5. ¿Cuántos mapas hay en la clase de español?

   _____

6. ¿Hay autobuses?

   _____

7. ¿Cuántos chicos hay en la clase de español? ¿Y chicas?

   _____

3 En la clase ideal Write seven sentences about the people and objects found in an ideal Spanish class.
(7 x 1 pt. each = 7 pts.)

modelo
En la clase ideal, hay cuatro...

Estructura 1.3

Lección 1

Miniprueba

1 Oraciones Write sentences using one element from each column. Make any necessary changes.
(6 x 1 pt. each = 6 pts.)

Alberto y yo		estudiante
ustedes		Canadá
tú		pasajero/a
las maletas	ser	España
ella		profesor(a) de arte
los lápices		el señor Sánchez

modelo

Tú eres de Canadá.

1. _____
2. _____
3. _____
4. _____
5. _____
6. _____

2 Preguntas Answer these questions about your Spanish class using complete sentences.
(4 x 1 pt. each = 4 pts.)

1. ¿Eres estudiante o profesor(a)?

_____

2. ¿Quién es el/la profesor(a)?

_____

3. ¿De dónde es el/la profesor(a)?

_____

4. ¿De quiénes son los cuadernos?

_____

3 Escribir Write a short e-mail to a new student in your Spanish class. Say hello, introduce yourself, state where you are from, and ask where he/she is from. Mention who your Spanish teacher is and that you'll see him/her tomorrow. (6 pts. for grammar + 4 pts. for style and creativity = 10 pts.)

 Lección 1 Estructura 1.3 Miniprueba

Estructura 1.4   Lección 1

Miniprueba

1 Oraciones Write complete sentences that indicate what time the events take place.
(4 x 1 pt. each = 4 pts.)

> *modelo*
>
> La clase de español...
> **La clase de español es a las 11 de la mañana.**

1. El almuerzo (*lunch*)...
2. La primera (*first*) clase del día...
3. Mi (*My*) programa de televisión favorito...
4. La película (*movie*)...

2 Clases Choose three subjects from the list and write what time each class begins. Follow the model.
(3 x 2 pts. each = 6 pts.)

   ciencias (*science*)   español   historia   matemáticas   inglés (*English*)

> *modelo*
>
> la clase de **historia**
> **La clase de historia es a las ocho de la mañana.**

1. la clase de _____

   _____

   _____

2. la clase de _____

   _____

   _____

3. la clase de _____

   _____

   _____

3 Escribir Write a conversation between two students. Have them greet each other, ask each other how they are doing, ask and tell what time Spanish class is, ask and tell what time it is, and say goodbye.
(6 pts. for grammar + 4 pts. for style and creativity = 10 pts.)

Contextos

Lección 2

Miniprueba

1 Asociaciones Write two words or phrases associated with each item. Do not repeat words. (10 x 0.5 pt. each = 5 pts.)

> *modelo*
> la clase <u>los estudiantes</u>, <u>la pizarra</u>

1. las ciencias _____ _____

2. la biblioteca _____ _____

3. la mochila _____ _____

4. el reloj _____ _____

5. la calculadora _____ _____

2 Horario Complete the chart with information about 3 classes you are taking. (12 x 0.5 pt. each = 6 pts.)

Materia	Hora	Días	Profesor(a)

3 Escribir Write six sentences about your favorite class. Include the name of the class, what day and time it is, who the professor is, and how many students there are. (6 pts. for grammar + 3 pts. for style and creativity = 9 pts.)

> *modelo*
> **Mi clase favorita es…**

_____

_____

_____

_____

_____

_____

_____

_____

_____

Estructura 2.1

Miniprueba

1 Oraciones Write sentences using the partial information provided. Follow the model.
(4 x 1 pt. each = 4 pts.)

modelo

¿? / desear / ¿? / Costa Rica
Ricardo y yo deseamos viajar a Costa Rica.

1. Héctor y yo / comprar / ¿? / en / ¿?

_____

2. tú / esperar / ¿?

_____

3. ¿? / necesitar / ¿? / la tarea

_____

4. usted / ¿? / bailar / ¿?

_____

2 Preguntas Answer the questions using complete sentences. (4 x 1 pt. each = 4 pts.)

1. ¿Te gusta cantar? ¿Cantas bien?

_____

2. ¿Deseas viajar a países extranjeros?

_____

3. ¿Miras televisión?

_____

4. ¿Qué programas de televisión te gustan?

_____

3 Oraciones Write sentences using one element from each column. Make any necessary changes.
(6 x 1 pt. each = 6 pts.)

mí	(no) gustar	la clase de español
ti		escuchar música
		los exámenes
		bailar y cantar
		las computadoras
		el arte
		estudiar periodismo

modelo
A ti no te gusta estudiar periodismo.

1. _____

2. _____

3. _____

4. _____

5. _____

6. _____

4 Un día normal Write a paragraph about a typical school day. Include what time you eat breakfast, what time you get to school, how you get to class, etc. Include at least four **-ar** verbs and two uses of **gustar**.
(3 pts. for grammar + 3 pts. for style and creativity = 6 pts.)

_____

_____

_____

_____

_____

_____

_____

_____

_____

_____

Lección 2 Estructura 2.1 Miniprueba

Estructura 2.2

Miniprueba

1 Completar Finish writing the questions and then write logical answers. Follow the model. (3 x 2 pts. each = 6 pts.)

modelo
¿A qué hora terminan...?
¿A qué hora terminan las clases?
Las clases terminan a las tres y media.

1. ¿Quiénes... los sábados?

   _____

   _____

2. ¿...en la clase de español?

   _____

   _____

3. ¿Por qué deseas...?

   _____

   _____

2 Preguntas Write questions using five of the words from the list. (5 x 1 pt. each = 5 pts.)

¿Cómo?	¿Dónde?
¿Cuánto/a?	¿Quién(es)?
¿Qué?	¿Cuándo?
¿Cuál(es)?	¿Por qué?

1. _____

2. _____

3. _____

4. _____

5. _____

3 Entrevista Imagine you are interviewing someone who works at your school. Write five questions you would ask him/her and then five answers he/she would give. Use **usted** in your questions. (5 pts. for grammar + 4 pts. for style and creativity = 9 pts.)

Fecha

Quizzes

1 ¿Dónde? Use **estar** to describe the location of each item or person. (5 x 1 pt. each = 5 pts.)

modelo

Las pruebas...

Las pruebas están sobre la mesa de la profesora.

1. La tiza...

   _____

2. El profesor Domínguez...

   _____

3. Los pasajeros...

   _____

4. Las ventanas...

   _____

5. Yo...

   _____

2 La escuela Write complete sentences indicating the locations of these places in your school. Use at least two prepositions of location for each place. (4 x 1.5 pts. each = 6 pts.)

modelo

laboratorio

El laboratorio está cerca del gimnasio y al lado del baño.

1. la cafetería

   _____

2. la biblioteca

   _____

3. el baño (*bathroom*) de los chicos

   _____

4. la librería

   _____

3 El mensaje Write an e-mail to your best friend using **ser** and **estar**. Say hello, ask how he/she is, say how you are, what time it is, what class you are in, who the teacher is, and where he/she is from.

(5 pts. for grammar + 4 pts. for style and creativity = 9 pts.)

Estructura 2.4   Lección 2

Miniprueba

1 Matemáticas Write six math equations using numbers greater than 30. Use **más** for *plus*, **menos** for *minus*, and **son** for *equals*. Follow the model. (6 x 1 pt. each = 6 pts.)

> *modelo*
> **Un millón menos cincuenta y cinco mil son novecientos cuarenta y cinco mil.**

1. _____
2. _____
3. _____
4. _____
5. _____
6. _____

2 Mi escuela Answer these questions about your school using complete sentences. (6 x 1 pt. each = 6 pts.)

1. ¿Cuántos profesores enseñan en la escuela?

    _____

2. ¿Cuántos estudiantes hay?

    _____

3. ¿Cuántos libros hay en la biblioteca?

    _____

4. ¿Cuántas chicas practican deportes (*sports*)? ¿Y chicos?

    _____

5. ¿Cuántos días de clase hay en un año (*year*)?

    _____

6. ¿Cuántas pruebas tomas en un año?

    _____

3 La escuela ideal Write four sentences describing the people, places, and objects that would be found in an ideal school. Use numbers greater than 30. (4 x 2 pts. each = 8 pts.)

> *modelo*
> **En la escuela ideal, hay treinta y una...**

Contextos

Lección 3

Miniprueba

1 Identificar Identify the people being described. (6 x 0.5 pt. each = 3 pts.)

modelo

Es el esposo de mi tía.

Es mi tío.

Mi hermana enseña en la escuela.

Es profesora.

1. Mi padre programa las computadoras.

   _____

2. Es el esposo de mi hermana.

   _____

3. Mi abuelo dibuja muy bien.

   _____

4. Mi madre trabaja en un hospital.

   _____

5. Es la esposa de mi hijo.

   _____

6. Son las hijas de mi padrastro, pero no de mi madre.

   _____

2 Preguntas Answer the questions using complete sentences. (4 x 1 pt. each = 4 pts.)

1. ¿Cuál es tu apellido?

   _____

2. ¿Cuántas personas hay en tu familia?

   _____

3. ¿Cómo se llaman tus padres? ¿Dónde trabajan?

   _____

4. ¿De dónde son tus abuelos? ¿Hablas mucho con ellos?

   _____

Lección 3 Contextos Miniprueba

Quizzes

3 **La familia** Write four sentences describing the relationships between family members. Follow the model.
(4 x 1 pt. each = 4 pts.)

modelo

Mis hermanos son los nietos de mi abuela.

1. _____
2. _____
3. _____
4. _____

4 **Mi pariente favorito** Write a description of your favorite relative. Include his/her name and relationship to you, where he/she is from, and where he/she works or studies. Also mention one thing he/she likes and one thing he/she dislikes. (6 pts. for grammar + 3 pts. for style and creativity = 9 pts.)

_____
_____
_____
_____
_____
_____
_____
_____
_____
_____
_____
_____
_____
_____
_____
_____
_____
_____
_____

Quizzes

| 13 | **Lección 3 Contextos** Miniprueba

Estructura 3.1

Lección 3

Miniprueba

1 Completar Fill in the blanks with the appropriate adjectives. Do not repeat words. (6 x 1 pt. each = 6 pts.)

Me gusta mucho la escuela. Tengo muchos amigos y ellos son (1) _____. Mis profesores son (2) _____; explican bien las materias. En la biblioteca hay (3) _____ libros. La escuela es (4) _____, pero los salones de clase (*classrooms*) son (5) _____. Lo que (*What*) no me gusta nada es la cafetería. Es muy (6) _____.

2 Oraciones Write sentences using one element from each column. Make any necessary changes. (5 x 1 pt. each = 5 pts.)

la escuela mis		canadiense
amigos y yo los		fácil
profesores		feo
tú	ser	francés
los estudiantes		moreno
ustedes		cubano
las clases		trabajador
		viejo

1. _____
2. _____
3. _____
4. _____
5. _____

3 Preguntas Answer the questions using complete sentences. (3 x 1 pt. each = 3 pts.)

1. ¿Cómo eres?

   _____

2. ¿Cómo son tus amigos/as?

   _____

3. ¿Te gustan las clases? ¿Por qué?

   _____

4 Mi amigo/a Write a description of one of your friends. Include his/her name and nationality, and describe his/her appearance and personality. (3 pts. for grammar + 3 pts. for style and creativity = 6 pts.)

Estructura 3.2   Lección 3

Miniprueba

1 Oraciones Complete the sentences using possessive adjectives and words from each group. Follow the model. (6 x 1 pt. each = 6 pts.)

buscar	llevar	abuelo	papeles
comprar	preparar	cuadernos	pluma
estudiar para (for)	terminar	exámenes	profesores
hablar con		mapa	tareas
		mochila	

modelo
Yo llevo mis tareas a clase.

1. Los turistas _____

2. Tú _____

3. Ustedes _____

4. Gustavo y yo _____

5. Yo _____

6. Ana _____

2 Preguntas Answer the questions using possessive adjectives. Use complete sentences. (4 x 1 pt. each = 4 pts.)

1. ¿Dónde compras tus libros?

_____

2. ¿Cómo se llama tu mejor (*best*) amigo/a?

_____

3. ¿Cómo son los padres de tu amigo/a?

_____

4. ¿Escuchan música tú y tus amigos? ¿Cómo se llama el grupo favorito de ustedes?

_____

3 Escribir Write a description of the likes and dislikes you share with a family member or friend. Use at least five possessive adjectives. (5 pts. for grammar + 5 pts. for style and creativity = 10 pts.)

modelo
A mi prima Fernanda y a mí nos gusta mucho la literatura. Nuestro libro favorito es…

Estructura 3.3

Lección 3

Miniprueba

1 Ordenar Order the events from 1 to 6. (6 x 0.5 pt. each = 3 pts.)

_____ a. Mis amigos y yo comemos al mediodía en un café.

_____ b. Asisto a la clase de español.

_____ c. Como el desayuno (*breakfast*) en casa.

_____ d. Corro cerca de mi casa.

_____ e. Abro la puerta del salón de clase (*classroom*) y camino a mi clase de ciencias.

_____ f. Leo un libro en la biblioteca y regreso a casa.

2 Completar Use **-er** and **-ir** verbs to fill in the blanks. Do not repeat verbs. (5 x 1 pt. each = 5 pts.)

1. Tomás y yo _____ unos libros.

2. Usted _____ los viernes.

3. Nuestros primos _____ practicar yoga.

4. Tú _____ unos cuadernos.

5. Yo _____ la escuela.

3 Preguntas Answer the questions using **-er** and **-ir** verbs. Use complete sentences. (3 x 1 pt. each = 3 pts.)

1. ¿Vives con tu familia? ¿Dónde viven ustedes?

_____

2. ¿Recibes muchos mensajes electrónicos (*e-mails*)?

_____

3. ¿Escriben tus amigos en un diario o un blog?

_____

4 Escribir Write six sentences describing what you and your friends do in a typical week. Use at least six **-er** and **-ir** verbs. (6 pts. for grammar + 3 pts. for style and creativity = 9 pts.)

_____

_____

_____

_____

_____

_____

Estructura 3.4   Lección 3

Miniprueba

1 Oraciones Complete each sentence with a logical ending. Follow the model. (6 x 1 pt. each = 6 pts.)

modelo
Cuando los estudiantes no tienen razón…
Cuando los estudiantes no tienen razón, el profesor explica la información.

1. Cuando tengo miedo...

   _____

2. Cuando Ernesto tiene ganas de mirar la televisión...

   _____

3. Cuando la profesora Hernández viene a la escuela...

   _____

4. Cuando mis amigos y yo tenemos hambre...

   _____

5. Cuando tienes mucho sueño...

   _____

6. Cuando mis abuelos vienen a mi casa...

   _____

2 Preguntas Answer the questions using complete sentences. (5 x 1 pt. each = 5 pts.)

1. ¿Cuántos años tienes?

   _____

2. ¿Cuántos años tiene tu padre? ¿Y tu madre?

   _____

3. ¿Qué tienen que hacer (*to do*) tus padres mañana?

   _____

4. ¿Cuándo vienes a la clase de español?

   _____

5. ¿Qué tienen ganas de hacer hoy tú y tus amigos?

   _____

3 Escribir Write a paragraph about a family member, describing his/her relationship to you, when he/she comes to your house, how old he/she is, one obligation he/she has this weekend, and what he/she feels like doing this Saturday. (6 pts. for grammar + 3 pts. for style and creativity = 9 pts.)

Contextos

Miniprueba

Lección 4

1 Identificar Identify the place where these activities can occur. Follow the model. (5 x 1 pt. each = 5 pts.)

modelo
Vemos una película.
Es un cine.

1. Hay mucho tráfico.

   _____

2. Practicamos el baloncesto.

   _____

3. Cenamos.

   _____

4. Bebemos un chocolate caliente (*hot*).

   _____

5. Admiramos el arte.

   _____

2 Preguntas Answer the questions using complete sentences. (5 x 1 pt. each = 5 pts.)

1. ¿Cuál es tu deporte favorito? _____

   _____

2. ¿Qué otras (*other*) actividades te gustan? Nombra por lo menos (*at least*) dos. _____

   _____

3. ¿Cuáles son los pasatiempos favoritos de tus padres? _____

   _____

4. ¿Adónde te gusta ir con tus amigos/as? _____

   _____

5. ¿Qué te gusta hacer (*to do*) los fines de semana? _____

   _____

3 Preguntar Use verbs from the list to write what you do in these places. Follow the model.
(4 x 1 pt. each = 4 pts.)

beber	mirar
caminar	nadar
correr	patinar
escalar	practicar
escribir	tomar
leer	visitar

modelo

¿Qué haces (*do you do*) cuando estás en una piscina?

Nado y tomo el sol.

¿Qué haces cuando estás en...

1. un parque?

   _____

2. un gimnasio?

   _____

3. una montaña?

   _____

4. una plaza?

   _____

4 Escribir Write an e-mail to your parents telling them what activities four of your friends enjoy, and where these activities occur. (3 pts. for grammar + 3 pts. for style and creativity = 6 pts.)

_____

_____

_____

_____

_____

_____

_____

_____

_____

_____

_____

_____

Estructura 4.1   Lección 4

Miniprueba

1 Situaciones Write where you and your friends go in these situations. (5 x 1 pt. each = 5 pts.)

1. Cuando tengo hambre...

   _____

2. Si deseamos ir de excursión...

   _____

3. Cuando mi mejor amigo/a necesita estudiar...

   _____

4. Si mis padres tienen dinero...

   _____

5. Cuando cenamos juntos (*together*)...

   _____

2 Oraciones Choose five people from the list and write what they do at the times indicated. Follow the model and use a different activity for each person. (5 x 1 pt. each = 5 pts.)

mis abuelos	**mi novio/a**	**mi padre**
mi hermano/a	**mi mejor amigo/a**	**mi profesor(a)**

modelo

los lunes

Los lunes mi madre va al gimnasio.

1. los lunes

   _____

2. los jueves por la tarde

   _____

3. los viernes por la noche

   _____

4. los sábados por la mañana

   _____

5. los domingos

   _____

3 Escribir Write at least four sentences using the construction **ir a** + [*infinitive*] to describe what you and your friends plan on doing next weekend. (6 pts. for grammar + 4 pts. for style and creativity = 10 pts.)

Estructura 4.2

Lección 4

Miniprueba

1 Situaciones Use the verbs from the list to write a sentence for each situation. Follow the model and use a different verb in each sentence. (6 x 1 pt. each = 6 pts.)

almorzar cerrar comenzar dormir jugar pensar poder preferir querer volver

modelo
Óscar toma el autobús el viernes.
Piensa en sus planes para el fin de semana.

1. Los jugadores llegan al estadio.

   _____

2. Tú caminas por la plaza.

   _____

3. Ustedes están en el parque.

   _____

4. Son las tres de la tarde y termina la clase de química.

   _____

5. Ana Sofía y yo estamos en el cine.

   _____

6. Hoy no tengo que trabajar.

   _____

2 Preguntas Answer the questions using complete sentences. (5 x 1 pt. each = 5 pts.)

1. ¿A qué hora empiezan tus clases en la escuela?

   _____

2. ¿Prefieres estudiar en casa o en la biblioteca?

   _____

3. ¿Dónde almuerzan tú y tus amigos?

   _____

4. ¿Cuántas horas duermes cada (*each*) noche?

   _____

5. ¿Juegas algún (*any*) deporte? ¿Dónde?

   _____

3 Escribir Write a paragraph about what you typically do on Saturday afternoons, and mention two things you and your friends want to do this Saturday. Use at least six different **e:ie** and **o:ue** stem-changing verbs. (6 pts. for grammar + 3 pts. for style and creativity = 9 pts.)

Estructura 4.3

Lección 4

Miniprueba

1 Ordenar Andrés is going to the movies. Order the events from 1 to 8. (8 x 0.5 pt. each = 4 pts.)

_____ a. Digo que prefiero las películas de ciencia ficción.

_____ b. Encuentro a mi amiga Noelia delante del cine.

_____ c. El señor de la ventanilla (*ticket window*) no escucha bien; repito la orden.

_____ d. Empieza la película.

_____ e. Compramos unas sodas porque tenemos mucha sed.

_____ f. Noelia dice que le gustan las películas románticas.

_____ g. Seguimos a la sala y buscamos asientos (*seats*).

_____ h. Consigo dos entradas (*tickets*) para *Amor en el espacio*.

2 Preguntas Answer the questions using complete sentences. (6 x 1 pt. each = 6 pts.)

1. ¿Dónde consigues libros? _____

   _____

2. Cuando comes en tu restaurante favorito, ¿qué pides? _____

   _____

3. ¿Siempre (*Always*) dicen la verdad tú y tus amigos? _____

   _____

4. ¿Quién en tu familia siempre consigue lo que (*what*) quiere? _____

   _____

5. ¿Repiten tus padres siempre las mismas recomendaciones? ¿Cuáles? _____

   _____

6. ¿Sigues las recomendaciones de tus padres? ¿Por qué? _____

   _____

3 Escribir Write five sentences using the verbs from the list to describe what happens in your Spanish class. Use each verb at least once. (5 pts. for grammar + 5 pts. for style and creativity = 10 pts.)

conseguir decir pedir repetir seguir

Estructura 4.4   Lección 4

Miniprueba

1 Oraciones Complete the sentences using the verbs from the list. Use each verb once.
(6 x 1 pt. each = 6 pts.)

> **decir hacer oír salir traer ver**

1 Los fines de semana tú...

_____

2. Ustedes no...

_____

3. Esta noche Julio va a...

_____

4. Hoy yo...

_____

5. En sus ratos libres, Susana y Alberto...

_____

6. Si tenemos tiempo, ...

_____

2 Preguntas Answer the questions using complete sentences. (4 x 1 pt. each = 4 pts.)

1. ¿A qué hora sales de la casa los lunes?

_____

2. ¿Dónde ves películas?

_____

3. Cuando quieres bailar, ¿qué música pones?

_____

4. Qué traes a la escuela?

_____

3 Escribir Write a description of an ideal Saturday. Mention what you do, where you go, and with whom, using at least five verbs from the list. (5 pts. for grammar + 5 pts. for style and creativity = 10 pts.)

almorzar	**salir**
hacer	**traer**
oír	**ver**
poner	**volver**

   | 23 | **Lección 4 Estructura 4.4** Miniprueba

Contextos

Lección 5

Miniprueba

1 Oraciones Complete the sentences. (6 x 1 pt. each = 6 pts.)

1. Cuando hace calor, mis amigos y yo…

   _____

2. En la primavera…

   _____

3. El inspector de aduanas...

   _____

4. Ustedes van a la agencia de viajes porque...

   _____

5. Si nieva...

   _____

6. Cuando estoy de vacaciones, ...

   _____

2 Preguntas Answer the questions using complete sentences. (4 x 1 pt. each = 4 pts.)

1. ¿Cuál es la fecha de hoy?

   _____

2. ¿Qué estación es? ¿Te gusta? ¿Por qué?

   _____

3. ¿Prefieres la playa o el campo? ¿Por qué?

   _____

4. ¿Viajan mucho tú y tus amigos? ¿Adónde? ¿Cómo prefieren viajar?

   _____

3 En el hotel Write a conversation between a hotel receptionist and a guest arriving at the hotel. Include references to the weather and the date, the guest's room and luggage, two nearby activities, and ways to get there. (6 pts. for grammar + 4 pts. for style and creativity = 10 pts.)

Estructura 5.1

Lección 5

Miniprueba

1 Situaciones Complete the sentences using **estar** with adjectives. (5 x 1 pt. each = 5 pts.)

1. Cuando estoy de vacaciones...

   _____

2. Cuando mis amigos y yo tenemos muchos exámenes...

   _____

3. Cuando los estudiantes llegan tarde (*late*), ...

   _____

4. Cuando ustedes no tienen razón, ...

   _____

5. Cuando la viajera espera muchas horas en el aeropuerto...

   _____

2 Completar Fill in the blanks to create sentences that make sense. Do not repeat any words.
(3 x 2 pts. each = 6 pts.)

1. Quiero _____ porque hoy estoy _____.
2. Hoy mis amigos van a _____ porque están _____.
3. Mi madre siempre (*always*) está _____ porque _____.

3 Más oraciones Write three original sentences similar to those in the previous activity. Do not repeat any adjectives. (6 pts. for grammar + 3 pts. for style and creativity = 9 pts.)

_____

_____

_____

_____

_____

_____

_____

_____

_____

_____

_____

Estructura 5.2

Lección 5

Miniprueba

1 Lugares Use the present progressive to say what the people are doing in each location.
(6 x 1 pt. each = 6 pts.)

modelo

la habitación (ustedes)

Ustedes están mirando televisión en la habitación.

1. el avión (mi familia y yo)

   _____

2. el aeropuerto (los viajeros)

   _____

3. la clase de español (yo)

   _____

4. el hotel (usted)

   _____

5. la agencia de viajes (Lucía y Beto)

   _____

6. el parque (tú)

   _____

2 Preguntas Answer the questions using complete sentences. Invent information if necessary.
(4 x 1 pt. each = 4 pts.)

1. ¿Qué estás haciendo tú?

   _____

2. ¿Qué están haciendo tus padres?

   _____

3. ¿Qué está haciendo el/la profesor(a)?

   _____

4. ¿Qué está haciendo tu mejor (*best*) amigo/a?

   _____

3 Famosos Imagine that you are a Hollywood reporter. Write an e-mail to your boss, using the present
progressive to describe what six celebrities are doing. (6 pts. for grammar + 4 pts. for style and
creativity = 10 pts.)

Estructura 5.3

Lección 5

Miniprueba

1 Describir Fill in the blanks with appropriate adjectives. (4 x 1.5 pts. each = 6 pts.)

1. Mi madre es _____ y _____ y siempre (*always*) está _____.

2. Mi padre es _____ y _____ y siempre está _____.

3. Yo soy _____ y _____ y siempre estoy _____.

4. Mis amigos son _____ y _____ y siempre están _____.

2 Oraciones Use **ser** or **estar** to complete the sentences. (3 x 2 pts. each = 6 pts.)

1. El próximo (*next*) examen de español...

_____

2. El/La profesor(a) de español...

_____

3. Ahora mismo...

_____

3 Escribir Write a paragraph about someone you admire using the questions in the list as a guide. (5 pts. for grammar + 3 pts. for style and creativity = 8 pts.)

¿Cómo es?

¿Cómo está?

¿Cuál es su profesión?

¿De dónde es?

¿Dónde está?

¿Qué está haciendo?

Estructura 5.4

Lección 5

Miniprueba

1 Definiciones Write definitions for the words, using direct object pronouns. (4 x 2 pts. each = 8 pts.)

modelo

computadora

La usamos para buscar información en Internet. La usamos cuando estudiamos. La necesitamos cuando escribimos composiciones. Son de plástico y metal.

1. llave

_____

_____

2. calculadora

_____

_____

3. maletas

_____

_____

4. pasaporte

_____

_____

2 Preguntas Answer the questions using direct object pronouns. Use complete sentences.
(4 x 1 pt. each = 4 pts.)

1. ¿Te llaman mucho tus amigos/as?

_____

2. ¿Vas a visitar a tus padres este año? ¿Cuándo?

_____

3. ¿Tus profesores los entienden a ti y a tus amigos? ¿Por qué?

_____

4. ¿Estás escribiendo la respuesta?

_____

3 Escribir Write a description of someone you know who is very different from you. Contrast what you do with what he/she does. Use at least five direct object pronouns. (5 pts. for grammar + 3 pts. for style and creativity = 8 pts.)

modelo

Mi hermano Santiago y yo somos muy diferentes. Yo leo libros en mi habitación, pero él los lee en la playa. Santiago llama a nuestra madre los fines de semana, pero yo la llamo los martes…

Contextos   **Lección 6**

Miniprueba

1 Categorías Write what people wear in each situation. Include the indefinite article, and do not repeat any items. (8 x 0.5 pt. each = 4 pts.)

    A. unas vacaciones en Cancún

    _____

    _____

    B. una excursión en Alaska

    _____

    _____

    C. una boda (*wedding*)

    _____

    _____

    D. una fiesta (*party*) **de jóvenes en tu ciudad**

    _____

    _____

2 Preguntas Answer the questions using complete sentences. (6 x 1 pt. each = 6 pts.)

  1. ¿Tus amigos prefieren usar ropa elegante o casual? _____

    _____

  2. ¿Es posible regatear en alguna (*any*) tienda de tu comunidad? _____

    _____

  3. ¿Dónde venden ropa barata en tu ciudad? ¿Y ropa cara? _____

    _____

  4. ¿Qué ropa lleva tu padre o tu madre para trabajar? _____

    _____

  5. ¿Cuál es tu almacén o tienda favorito/a? ¿Qué venden allí? _____

    _____

  6. ¿Cuánto crees que gastas en ropa anualmente (*annually*)? _____

    _____

3 Escribir Write a paragraph describing what you and your Spanish teacher are wearing today. Specify colors and include adjectives. (6 pts. for grammar + 4 pts. for style and creativity = 10 pts.)

Estructura 6.1   Lección 6

Miniprueba

1 Preguntas Fill in the blanks with the correct form of **saber** or **conocer**. Then provide responses, using complete sentences. (5 x 1 pt. each = 5 pts.)

1. ¿_____ bailar tus amigos y tú?

   _____

2. ¿Ustedes _____ un buen lugar para bailar en su ciudad?

   _____

3. En tu familia, ¿quién no _____ cantar bien?

   _____

4. ¿Tus hermanos _____ cómo se llaman tus profesores?

   _____

5. ¿_____ tú personalmente (*personally*) a una persona famosa?

   _____

2 Combinar Write sentences using one element from each column. Make any necessary changes. (4 x 1 pt. each = 4 pts.)

yo	**(no) conocer**	**nosotros/as**
la profesora Sandoval	**(no) saber**	**el profesor de sociología**
mi familia		**jugar bien al golf**
ustedes		**mucha gente simpática**
tú		
mis amigos y yo		

1. _____

   _____

2. _____

   _____

3. _____

   _____

4. _____

   _____

3 Responder Answer the questions using complete sentences. (4 x 1 pt. each = 4 pts.)

1. ¿Traduces bien del inglés al español?

_____

2. ¿Qué lugares interesantes conoces?

_____

3. ¿Qué automóvil conduce tu padre? ¿Conduce bien o mal?

_____

4. ¿Cómo parecen estar tus amigos/as hoy?

_____

4 Escribir Write eight sentences describing someone you know. Use the questions in the list as a guide. (4 pts. for grammar + 3 pts. for style and creativity = 7 pts.)

¿Quién es? ¿Cómo es?	**¿Por qué lo/la conoces bien?**
¿Qué sabes de él/ella?	**¿Qué sabe hacer bien él/ella?**

modelo
Mi amigo Ignacio vive cerca de mi apartamento. Sé mucho de Ignacio; su color favorito es…

_____

_____

_____

_____

_____

_____

_____

_____

_____

_____

_____

_____

_____

| 31 | **Lección 6 Estructura 6.1** Miniprueba

Estructura 6.2   Lección 6

Miniprueba

1 Preguntas Answer the questions using complete sentences. (5 x 1 pt. each = 5 pts.)

   1. Carlos te explica mi problema, ¿verdad?

   _____

   2. ¿Quieres venderme la computadora?

   _____

   3. ¿Qué les va a mostrar la vendedora a los clientes?

   _____

   4. ¿Nos está mirando la profesora?

   _____

   5. ¿Por qué usted no le ofrece el trabajo a Carolina?

   _____

2 Combinar Write sentences using one element from each column. Use indirect object pronouns and the present indicative. Make any necessary changes. Follow the model. (6 x 1 pt. each = 6 pts.)

modelo

yo / dar / dinero/ novio/a

Yo le doy dinero a mi novio.

mis tíos/as	**comprar**	**problemas**	**nosotros/as**
yo	**dar**	**zapatos**	**mí**
usted	**escribir**	**composición**	**novio/a**
el/la vendedor(a)	**pedir**	**dinero**	**ti el/la profesor(a)**
tú nosotros/as	**prestar**	**regalos**	**Víctor**
ustedes	**vender**	**ayuda (***help***)**	**cliente/a**
		¿?	

   1. _____

   2. _____

   3. _____

   4. _____

   5. _____

   6. _____

3 Escribir Write five sentences about your plans for gift-giving this year. Use **ir a** + [*infinitive*] and four different indirect object pronouns. (5 pts. for grammar + 4 pts. for style and creativity = 9 pts.)

Estructura 6.3   Lección 6

Miniprueba

1 Completar Complete the conversation using the preterite and direct object pronouns. Invent any necessary information. (4 x 1 pt. each = 4 pts.)

modelo
ANDRÉS Hola, Eva. ¿Buscaste los libros en la biblioteca?
EVA Hola, Andrés. Sí, los busqué.

ANDRÉS ¿Ya abrieron la nueva librería? ¿Qué encontraste allí?
EVA (1) _____
ANDRÉS ¿Y compraste el periódico? ¿Cuánto te costó? ¿Cómo pagaste?
EVA (2) _____
ANDRÉS ¿Le llevaste mi tarea a la profesora de inglés? ¿Escribió mi nota (*grade*) en el papel?
EVA (3) _____
ANDRÉS ¿Viste a Juan y a Héctor? ¿De qué hablaron ustedes?
EVA (4) _____

2 Combinar Write sentences using one element from each column. Make any necessary changes. (6 x 1 pt. each = 6 pts.)

yo	comer en un restaurante	el mes pasado
el profesor Cortínez	empezar un libro interesante	anteayer
nosotros/as	volver a la escuela primaria	anoche
mis amigos/as	comprar ropa	el año pasado
ustedes	salir a bailar	una vez
tú	leer el periódico	desde… hasta…
¿?	llegar tarde (*late*) a clase	ayer
	ver una película de terror	¿?

1. _____
2. _____
3. _____
4. _____
5. _____
6. _____

3 Escribir Write an e-mail to a friend, describing three things you did last week, two things you and your friends did last weekend, and one thing you are going to do next week. (6 pts. for grammar + 4 pts. for style and creativity = 10 pts.)

Estructura 6.4

Lección 6

Miniprueba

1 Completar Fill in the blanks with the appropriate demonstrative words. (4 x 1.5 pts. each = 6 pts.)

1. —Perdón, ¿dónde está la tienda Mucha Moda?

    —Tienes que caminar un poco. ¿Ves _____ puerta roja que está allá (*over there*), al lado del café Moderno?

2. —Me gusta el cinturón que está cerca de la ventana.

    —¿_____ que está allí?

3. (*con un CD en la mano*) —Hijo, si te vuelvo a ver (*see you again*) con _____ música, no puedes salir más con tus amigos.

    —¡Pero papá! ¡Es mi grupo favorito!

4. —Quiero reservar una noche en el hotel Flamingo.

    —Lo siento, señor. _____ habitaciones ya no están disponibles (*available*).

2 Preguntas Imagine you are shopping with a friend. Respond to your friend's questions with complete sentences using demonstrative pronouns. (4 x 1 pt. each = 4 pts.)

1. ¿Por qué quieres comprar esos zapatos rojos y no estos marrones?

    _____

2. ¿Nos está hablando aquella vendedora?

    _____

3. ¿Quién te prestó esa tarjeta de crédito?

    _____

4. ¿Por qué te gustan aquellos pantalones?

    _____

3 Escribir Write six sentences with demonstrative adjectives that describe the people and objects in your classroom. (6 pts. for grammar + 4 pts. for style and creativity = 10 pts.)

modelo
Aquella chica se llama Nuria.

Prueba A   Lección 1

1 Escuchar Read these statements. Then listen to the message that Jaime left on his colleague's voicemail and indicate whether each statement is **cierto** or **falso**. (5 × 2 pts. each = 10 pts.)

	Cierto	Falso
1. Jaime está regular.	—	—
2. Hay cuatro maletas en el autobús.	—	—
3. El libro es de los profesores.	—	—
4. Son las nueve de la noche.	—	—
5. El número de teléfono es el 24-30-12.	—	—

2 ¡Hola! Write a conversation based on what one of the groups in the picture might say.
(6 pts. for vocabulary + 6 pts. for grammar + 3 pts. for style and creativity = 15 pts.)

_____

_____

_____

_____

_____

_____

_____

_____

_____

_____

| 35 | **Lección 1** Prueba A

Tests

3 ¿Singular o plural? Write the singular or plural form of the nouns. Follow the model.

> *modelo*
> —Hay una maleta.
> **—No. Hay cuatro maletas.**

1. —Hay un lápiz.   —No. Hay dos _____.
2. —Hay dos mujeres.   —No. Hay una _____.
3. —Hay un pasajero.   —No. Hay cuatro _____.
4. —Hay una chica.   —No. Hay dos _____.
5. —Hay un estudiante.   —No. Hay tres _____.

4 La hora Reyes and Soledad meet on campus. Write these times as words in Spanish sentences.
(5 × 2 pts. each = 10 pts.)

1. —Hola, Reyes. ¿Qué hora es?
   —Hola, Soledad. (*It's 9:30 a.m.*) _____.
2. —Gracias. ¿A qué hora es la clase de español?
   —La clase (*is at 10:15 a.m.*) _____.
3. —¿Y la clase de matemáticas?
   —La clase (*is at 2:25 p.m.*) _____.
4. —¿Y el partido (*game*) de tenis?
   —El partido (*is at 4:45 p.m.*) _____.
5. —Gracias. ¿Y a qué hora es la fiesta (*party*)?
   —(*It's at 8:00 p.m.*) _____.

5 ¿Qué tal? Two students meet on the first day of class. Fill in the blanks with a Spanish word.
(10 × 1 pt. each = 10 pts.)

DIANA Hola, (1) _____ tardes. ¿Cómo (2) _____ llamas?

TONI   Hola, me (3) _____ Toni, ¿y tú?

DIANA Diana. ¿De (4) _____ eres?

TONI   (5) _____ de México. ¿Y tú?

DIANA De los Estados Unidos. Oye, ¿(6) _____ hora es?

TONI   Es (7) _____ una de la tarde.

DIANA Gracias.

TONI   De (8) _____. (9) _____ vemos en clase.

DIANA Sí. Hasta (10) _____.

6 Preguntas Answer these questions with sentences. (5 × 3 pts. each = 15 pts.)

    1. ¿Cómo estás? _____

    2. ¿Cómo te llamas? _____

    3. ¿Qué hora es? _____

    4. ¿Cuántos estudiantes hay en la clase de español? _____

    5. ¿Qué hay en tu mochila (*backpack*)? _____

    _____

7 Lectura Read these bulletin board notices and answer the questions with sentences. Write the numbers as words. (4 × 2 pts. each = 8 pts.)

Cuaderno

Hola, soy Mariana. Encontré[1] en la cafetería un cuaderno con números de teléfono.
Teléfono: 22-07-17

[1] *I found*

Tenis

Me llamo Julio y soy de España.
Busco[2] chico o chica para practicar tenis.
Teléfono: 25-14-23

[2] *I'm looking for*

    1. ¿Cuál (*What*) es el nombre de la chica? _____

    2. ¿Qué hay en el cuaderno? _____

    3. ¿De qué país es el chico? _____

    4. Escribe (*Write*) el número de teléfono del chico. _____

    _____

8 Saludos Write a conversation in which two students introduce themselves, ask each other how they are doing, ask each other where they are from, mention what time it is, and say goodbye. Use vocabulary and grammar from this lesson. (8 pts. for vocabulary + 8 pts. for grammar + 6 pts. for style = 22 pts.)

_____

_____

_____

_____

_____

_____

_____

_____

_____

_____

_____

Tests

Prueba B   # Lección 1

1 Escuchar Read these statements. Then listen to the message that Don Fernando left on his colleague's voicemail and indicate whether each statement is **cierto** or **falso**. (5 × 2 pts. each = 10 pts.)

	Cierto	Falso
1. Don Fernando está regular.	_____	_____
2. Hay tres maletas y un libro en el autobús.	_____	_____
3. Las maletas son de los estudiantes.	_____	_____
4. Son las diez de la mañana.	_____	_____
5. El número de teléfono es el 25-13-07.	_____	_____

2 ¡Hola! Write a conversation based on what one of the groups in the picture might say.
(6 pts. for vocabulary + 6 pts. for grammar + 3 pts. for style and creativity = 15 pts.)

_____

_____

_____

_____

_____

_____

_____

_____

_____

_____

3 ¿Singular o plural? Write the singular or plural form of the nouns. Follow the model.
(5 × 2 pts. each = 10 pts.)

modelo

—Hay una maleta.

—No. Hay cuatro maletas.

1. —Hay quince fotos.   —No. Hay una _____.
2. —Hay tres profesores.   —No. Hay un _____.
3. —Hay un diccionario.   —No. Hay cuatro _____.
4. —Hay tres computadoras.   —No. Hay una _____.
5. —Hay un cuaderno.   —No. Hay veintitrés _____.

4 La hora María and Jorge meet on campus. Write these times as words in sentences.
(5 × 2 pts. each = 10 pts.)

1. —Hola, Jorge. ¿Qué hora es?

   —Hola. (*It's 9:20 p.m.*) _____

2. —Gracias. ¿A qué hora es la clase de español?

   —La clase (*is at 11:00 a.m.*) _____

3. —¿Y la clase de matemáticas?

   —La clase (*is at 2:45 p.m.*) _____

4. —¿Y la clase de geografía?

   —La clase (*is at 4:30 p.m.*) _____

5. —Gracias. ¿Y a qué hora es la fiesta (*party*)?

   —(*It's at 10:00 p.m.*) _____

5 ¿Qué tal? Two students meet on the first day of class. Fill in the blanks with a Spanish word.
(10 × 1 pt. each = 10 pts.)

SARA Hola, buenos (1) _____. ¿Cómo te (2) _____?

DIEGO Hola, (3) _____ llamo Diego, ¿y (4) _____?

SARA Sara. (5) _____ gusto.

DIEGO El (6) _____ es mío. ¿(7) _____ estudiante?

SARA Sí, (8) _____ estudiante.

DIEGO Yo también (*too*). ¿(9) _____ qué hora es la clase de biología?

SARA La clase es a las cuatro.

DIEGO Gracias. Nos (10) _____ en clase.

SARA Adiós.

Tests

6 Preguntas Answer these questions with sentences. (5 × 3 pts. each = 15 pts.)

1. ¿Cómo te llamas? _____

2. ¿De dónde eres? _____

3. ¿A qué hora es la clase de español? _____

4. ¿Cuántos profesores hay en la clase de español? _____

5. ¿Hay cuadernos en la clase? _____

7 Lectura Read these bulletin board notices and answer the questions with sentences. Write any numbers as words. (4 × 2 pts. each = 8 pts.)

Maleta

Hola, soy Javier y soy de Costa Rica.
Soy estudiante.
Encontré¹ una maleta con un diccionario,
un mapa, una computadora y dos cuadernos.

¹I found

Chica estudiante

Busca² chico de México para practicar
español. Me llamo Sarah y soy estudiante.
Teléfono: 24-29-06.

²Is looking for

1. ¿Cuál (*What*) es el nombre del chico? _____

2. ¿De qué país es el chico? _____

3. ¿Qué hay en la maleta? _____

4. Escribe (*Write*) el número de teléfono de Sarah. _____

_____

8 Saludos Write a conversation in which a professor and a student introduce themselves, ask each other how they are doing and where they are from, mention what time it is, and say goodbye. Use vocabulary and grammar from this lesson. (8 pts. for vocabulary + 8 pts. for grammar + 6 pts. for style = 22 pts.)

_____

_____

_____

_____

_____

_____

_____

_____

_____

_____

_____

_____

Lección 1 Prueba B

Prueba C

Lección 1

1 Escuchar You will hear five personal questions. Answer them with Spanish sentences.
(5 × 2 pts. each = 10 pts.)

1. _____
2. _____
3. _____
4. _____
5. _____

2 El día de Lourdes Look at Lourdes' course load and answer the questions about her schedule with sentences. Write the numerals as words. (5 × 2 pts. each = 10 pts.)

9:00 a.m. Biología
10:45 a.m. Literatura
12:00 p.m. Geografía
2:15 p.m. Laboratorio
3:30 p.m. Matemáticas

1. ¿A qué hora es la clase de biología? _____

_____

2. ¿A qué hora es la clase de literatura? _____

_____

3. ¿A qué hora es la clase de geografía? _____

_____

4. ¿A qué hora es el laboratorio? _____

_____

5. ¿A qué hora es la clase de matemáticas? _____

_____

Tests

3 Lectura Read the message that a driver left for his colleague and answer the questions with sentences. Write any numbers as words. (5 × 3 pts. each = 15 pts.)

Hola, Cristina. Soy Armando, un conductor de autobús de la agencia Ecoturista. ¿Cómo estás? Yo, bien. Oye, hay un problema. Hay cinco maletas y un libro en el autobús. Las maletas son de los estudiantes de los Estados Unidos. Pero, ¿de quién es el libro? Por favor, necesito[1] la información hoy[2]. Es la una de la tarde y el número de teléfono es el 24-30-12. Perdón y hasta luego.

[1]*I need* [2]*today*

1. ¿Cuál (*What*) es el nombre del conductor? _____

   _____

2. ¿Cuántas maletas hay en el autobús? _____

   _____

3. ¿De quiénes son las maletas? _____

   _____

4. ¿Qué hora es? _____

   _____

5. Escribe (*Write*) el número de teléfono. _____

   _____

4 ¡Hola! Write a conversation between two close friends. They should say hello, introduce a third person, ask each other how they are doing, mention what time it is, and say goodbye. Use the vocabulary and grammar from this lesson. (6 pts. for vocabulary + 6 pts. for grammar + 3 pts. for style = 15 pts.)

_____

_____

_____

_____

_____

_____

_____

_____

_____

_____

Lección 1 Prueba C

Prueba D   Lección 1

1 Escuchar You will hear five personal questions. Answer them with Spanish sentences.
(5 × 2 pts. each = 10 pts.)

1. _____

2. _____

3. _____

4. _____

5. _____

2 El día de Iván Look at Iván's course load and answer the questions about his schedule with sentences.
Write the numerals as words. (5 × 2 pts. each = 10 pts.)

9:30 a.m. Biología
11:05 a.m. Literatura
12:20 p.m. Geografía
1:15 p.m.   Laboratorio
3:00 p.m. Matemáticas

1. ¿A qué hora es la clase de biología? _____

_____

2. ¿A qué hora es la clase de literatura? _____

_____

3. ¿A qué hora es la clase de geografía? _____

_____

4. ¿A qué hora es el laboratorio? _____

_____

5. ¿A qué hora es la clase de matemáticas? _____

_____

Tests

| 43 | **Lección 1** Prueba D

3 Lectura Read the message that a travel agent left for one of the company's drivers, and answer the questions with sentences. Write any numbers as words. (5 × 3 pts. each = 15 pts.)

Hola, Pedro. Soy Eduardo. ¿Qué tal? Yo, regular. Hay un problema y necesito[1] información. Hay dos maletas y cuatro libros en el autobús. Las maletas son de los turistas de México. Pero, ¿de quién son los libros? Por favor, necesito la información hoy[2]. Son las seis de la tarde. Mi número de teléfono es el 23-06-15. Muchas gracias.

[1]*I need* [2]*today*

1. ¿Cuántas maletas hay en el autobús?_____
   _____

2. ¿Cuántos libros hay en el autobús?_____
   _____

3. ¿De quiénes son las maletas?_____
   _____

4. ¿Qué hora es?_____
   _____

5. Escribe (*Write*) el número de teléfono de Eduardo._____
   _____

4 ¡Hola! Write a conversation between two students who are meeting for the first time. They should say hello, ask each other their names and where they are from, ask what time it is, and say goodbye. Use the vocabulary and grammar from this lesson. (6 pts. for vocabulary + 6 pts. for grammar + 3 pts. for style = 15 pts.)

_____

_____

_____

_____

_____

_____

_____

_____

_____

_____

_____

_____

Tests

Prueba E

Lección 1

1 Escuchar Some items were left behind in a classroom. Read the questions below, listen to the voicemail message from the custodian, and then answer the questions. (5 × 2 pts. each = 10 pts.)

1. ¿Para quién (*for whom*) es el mensaje?
   a. para los estudiantes   b. para el profesor Valdivia   c. para el profesor Martínez

2. ¿Cuántos videos hay en el laboratorio?
   a. cuatro videos   b. veinte videos   c. tres videos

3. ¿Cuántos diccionarios hay?
   a. dos diccionarios   b. cuatro diccionarios   c. un diccionario

4. ¿De quién son los cuadernos?
   a. de los estudiantes   b. del profesor Martínez   c. del profesor Valdivia

5. ¿Qué hora es?
   a. las 5:30   b. las 3:00   c. las 9:15

2 Emparejar Match the sentence fragments. (5 × 2 pts. each = 10 pts.)

___ 1. Hasta   a. está usted?
___ 2. Nos   b. Mari Carmen y a Claudia.
___ 3. Buenas   c. vemos, José Luis.
___ 4. Saludos a   d. noches, señora Sánchez.
___ 5. ¿Cómo   e. mañana.

3 En orden Order the lines of the dialogue from 1 to 5. (5 × 2 pts. each = 10 pts.)

___ a. ¿Qué hay de nuevo?
___ b. Chau.
___ c. Nada.
___ d. Hola, Sofía, regular.
___ e. Hola, Simón, ¿cómo estás?

4 Correcto o incorrecto Indicate whether each equation is **correcto** or **incorrecto**.
(5 × 2 pts. each = 10 pts.)

	Correcto	Incorrecto
1. 7 x 4 = veintitrés	_____	_____
2. 6 + 6 = doce	_____	_____
3. 7 – 5 = diez	_____	_____
4. 5 x 3 = quince	_____	_____
5. 8 + 9 = diecisiete	_____	_____

     Lección 1 Prueba E

5 ¿Ser o no ser? Fill in the blanks with the appropriate form of **ser**. (6 × 2 pts. each = 12 pts.)

1. Madrid _____ la capital de España.
2. Julieta y sus padres _____ de Puerto Rico.
3. Nosotros _____ estudiantes de la escuela.
4. _____ un diccionario.
5. —¿Quién _____ (tú)?
6. —Yo _____ Héctor Camacho.

6 Identificar Match the words to the pictures. (6 × 2 pts. each = 12 pts.)

dos diccionarios	**un cuaderno**
dos fotos	**una escuela**
tres autobuses	**una maleta**

1. _____

2.  _____

3. _____

4. _____

5. _____

6. _____

Lección 1 Prueba E

Tests

7 ¿Qué pasa? Fill in the blanks with words from the list. (9 × 2 pts. each = 18 pts.)

es	mío	presento
estás	nada	se
gusto	nuevo	soy

JOAQUÍN ¿Qué tal, Eva? ¿Qué hay de (1) _____?

EVA (2) _____ Joaquín. ¿Cómo (3) _____?

JOAQUÍN Bien, gracias.

EVA ¿Ella (4) _____ tu hermana (*sister*)? ¿Cómo

(5) _____ llama?

JOAQUÍN Te (6) _____ a Isabel.

EVA Mucho (7) _____, Isabel. Yo (8) _____ Eva.

ISABEL El gusto es (9) _____.

8 Lectura Read Sofía's blog entry, then fill in the blanks. (6 × 3 pts. each = 18 pts.)

Hola, me llamo Sofía. ¿Cómo están? Yo estoy muy bien. Gracias por entrar (*for entering*) a mi blog.
Yo soy de Puerto Rico, pero vivo (*but I live*) en Los Ángeles. ¿De dóne son ustedes?

Yo soy estudiante de fotografía. ¿Ustedes son estudiantes? Mis clases son a las
8:30 y a la 1:30.

¿Tienen hermanos (*Do you have any siblings*)? Yo tengo (*I have*) dos hermanos: Pablo y Mario.
Aquí hay tres fotografías de mi familia.

1. Sofía es de _____.
2. Ella vive (*lives*) en _____.
3. Ella es _____ de fotografía.
4. Las clases de Sofía son a las _____ y media y a las cinco y media.
5. Sofía tiene (*has*) _____ hermanos.
6. Sus hermanos se llaman Pablo y _____.

   Lección 1 Prueba E

Prueba F   Lección 1

1 Escuchar Some items were left behind in a classroom. Read the questions below, listen to the voicemail message from the custodian, and then answer the questions. (5 × 2 pts. each = 10 pts.)

1. ¿Para quién (*for whom*) es el mensaje?

   a. para el profesor Pérez   b. para el profesor de italiano   c. para los estudiantes

2. ¿Cuántos mapas hay en el laboratorio?

   a. tres mapas   b. cuatro mapas   c. veinte mapas

3. ¿Cuántos diccionarios hay?

   a. dos diccionarios   b. tres diccionarios   c. cuatro diccionarios

4. ¿Qué hora es?

   a. las 5:30   b. las 10:00   c. las 9:00

5. ¿Hasta (*Until*) qué hora está Juan en la escuela?

   a. hasta las 5:30   b. hasta las 6:00   c. hasta las 6:30

2 Emparejar Match the sentence fragments. (5 × 2 pts. each = 10 pts.)

_____ 1. Hasta   a. es usted?
_____ 2. ¿Cómo   b. luego.
_____ 3. Buenas   c. está?
_____ 4. ¿Qué hay   d. tardes, don Daniel.
_____ 5. ¿De dónde   e. de nuevo?

3 En orden Order the lines of the dialogue from 1 to 5. (5 × 2 pts. each = 10 pts.)

_____ a. Hola, Luis, mucho gusto.
_____ b. Buenos días, doña Rosita. ¿Cómo está?
_____ c. El gusto es mío.
_____ d. No muy bien, María, ¿y usted?
_____ e. Bien, gracias. Le presento a mi hermano Luis.

4 Correcto o incorrecto Indicate whether each equation is **correcto** or **incorrecto**.
(5 × 2 pts. each = 10 pts.)

	Correcto	Incorrecto
1. $23 - 4 =$ diecinueve	_____	_____
2. $6 \times 4 =$ treinta	_____	_____
3. $7 + 5 =$ doce	_____	_____
4. $3 \times 3 =$ nueve	_____	_____
5. $8 + 8 =$ diecisiete	_____	_____

5 ¿Ser o no ser? Fill in the blanks with the appropriate form of **ser**. (6 × 2 pts. each = 12 pts.)

1. Washington D.C. _____ la capital de los Estados Unidos.

2. Juan Carlos _____ de Puerto Rico.

3. Yo _____ estudiante.

4. Tú _____ conductor.

5. —¿Quiénes _____ (ustedes)?

6. —Nosotros _____ Rosa y Diego Salcedo.

6 Identificar Match the words to the pictures. (6 × 2 pts. each = 12 pts.)

cuatro maletas	**tres hombres**
dos diccionarios	**una escuela**
dos fotos	**una maleta**

1. _____

2. _____

3. _____

4. _____

5. _____

6. _____

Lección 1 Prueba F

Tests

7 ¿Qué pasa? Fill in the blanks with words from the list. (9 × 2 pts. each = 18 pts.)

bien	estás	llama
el	gracias	nombre
es	hola	nuevo

PEDRO   ¿Qué tal, Laura? ¿Cómo (1) _____?

LAURA   Muy (2) _____, Pedro. ¿Qué hay de (3) _____?

PEDRO   Nada nuevo. ¿Quién es la niña?

LAURA   Ella (4) _____ mi sobrina (*niece*). Se (5) _____ Cristina.

PEDRO   (6) _____ Cristina, mucho gusto.

CRISTINA Hola, Pedro, (7) _____ gusto es mío.

PEDRO   Cristina es un (8) _____ muy bonito.

CRISTINA (9) _____, Pedro.

8 Lectura Read Clara's blog entry, then fill in the blanks. (6 × 3 pts. each = 18 pts.)

Hola, me llamo Clara. ¿Cómo están? Yo estoy bien. Gracias por entrar (*for entering*) a mi blog.
Yo soy de Perú, pero estudio (*I study*) en Boston.

Yo soy estudiante de ecología (*ecology*). ¿Ustedes son estudiantes? Mis clases son a las 8:30 y a las
10:30.

¿Tienen hermanos (*Do you have any siblings*)? Yo tengo (*I have*) tres hermanos: Luis, Paco y José.
Aquí hay unas fotografías de mi familia.

1. Clara es de _____.

2. Ella estudia (*studies*) en _____.

3. Ella es _____ de ecología.

4. Las clases de Clara son a las _____ y media y a las diez y media.

5. Clara tiene (*has*) _____ hermanos.

6. Sus hermanos se llaman Luis, Paco y _____.

             Lección 1 Prueba F

Prueba A   Lección 2

1 **Escuchar** Read these statements. Then listen as Professor Sánchez addresses his students on the first day
of classes and indicate whether each statement is **cierto** or **falso**. (5 × 2 pts. each = 10 pts.)

	Cierto	Falso
1. El profesor Sánchez enseña español.	—	—
2. La clase es los lunes, martes y viernes.	—	—
3. La clase es de diez a once de la mañana.	—	—
4. Necesitan practicar los lunes en el laboratorio.	—	—
5. El laboratorio está lejos de la biblioteca.	—	—

2 **Este año** Óscar and Diana are discussing the year. Write a conversation with at least eight items from the
list. (6 pts. for vocabulary + 6 pts. for grammar + 3 pts. for style and creativity = 15 pts.)

biblioteca	hablar	casa
compañero/a	lenguas	tarea
desear	mirar	trabajar
gustar	porque	viernes

_____

_____

_____

_____

_____

_____

_____

3 **Una conversación** Ana and David are talking about their classes. Fill in the questions.
(5 × 2 pts. each = 10 pts.)

ANA   David, ¿(1) _____?

DAVID   El libro de español está encima de la mesa.

ANA   Gracias. Necesito preparar la tarea para la clase.

DAVID   ¿(2) _____?

ANA   Sí, me gusta mucho estudiar español.

DAVID   ¿(3) _____?

ANA   Porque la materia es muy interesante.

DAVID   ¿(4) _____?

ANA   La profesora Diana Burgos enseña la clase de español.

DAVID   ¿(5) _____?

ANA   En la clase hay diez chicas.

DAVID   ¡Qué bien! A mí también me gusta la clase de español.

Tests

4 **Números** Look at the report and answer the questions with sentences. Write the numerals as words.
(5 × 2 pts. each = 10 pts.)

Estudiantes	Lenguas extranjeras
1 número total de estudiantes en la escuela: 900	número de estudiantes que[1] hablan español: 86
2 número de estudiantes en la clase de matemáticas: 47	número de estudiantes que hablan otras[2] lenguas (no español): 72
3 número de estudiantes en la clase de literatura: 30	número de estudiantes que estudian español: 60

[1]*that* [2]*other*

1. ¿Cuántos estudiantes hay en total? _____

_____

2. ¿Cuántos estudiantes hay en la clase de literatura? ¿Y en la clase de matemáticas?

_____

_____

3. ¿Cuántos estudiantes hablan español? _____

_____

4. ¿Cuántos estudiantes hablan otras lenguas? _____

_____

5. ¿Cuántos estudiantes estudian español? _____

_____

5 **En España** Fill in the blanks with the present tense of the Spanish verb. (10 × 2 pts. each = 20 pts.)

Querida (*Dear*) Jessica:

¿Cómo estás? Yo (1) _____ (*to be*) muy bien. Me (2) _____

(*to like*) mucho estudiar español en Sevilla. Yo (3) _____ (*to study*) mucho

todos los días. Las clases (4) _____ (*to finish*) a las 2 de la tarde. A las 2:30, yo

(5) _____ (*to return*) a casa. Mi hermano (*brother*), Germán,

(6) _____ (*to work*) en la universidad. Él (7) _____ (*to teach*)

literatura en la Facultad de Filosofía y Letras. Por las tardes, Germán y yo (8) _____

(*to talk*) mucho porque yo necesito practicar español. Por las noches, nosotros

(9) _____ (*to watch*) la televisión.

Bueno, ¿y tú? ¿Qué tal? ¿Qué día (10) _____ (*to arrive*) a España?

Adiós,

Jorge

Tests

6 **Preguntas** Answer these questions with sentences. (5 × 2 pts. each = 10 pts.)

1. ¿Qué día es hoy? _____

2. ¿Trabajas este semestre? _____

3. ¿Escuchas música todos los días? _____

4. ¿Te gusta escuchar la radio? _____

5. ¿A qué hora termina la clase de español? _____

7 **Lectura** Read Mercedes' e-mail to her brother and answer the questions with sentences.
(5 × 2 pts. each = 10 pts.)

Para Julio   **De** Mercedes   **Asunto** Saludo

Estoy en la cafetería, que está al lado de la biblioteca. Sólo[1] hay nueve estudiantes en la cafetería ahora.
Estoy al lado de la ventana y, cuando deseo descansar, miro a los estudiantes que caminan por la
escuela. Estudio aquí para[2] el examen de biología porque Laura, mi amiga, está en su casa con unas
chicas y yo necesito estudiar mucho. El examen es el jueves a las once de la mañana. También necesito
preparar la tarea de física.¡Necesito estudiar mucho!

[1]*only* [2]*for*

1. ¿Dónde está la cafetería? _____

2. ¿Cuántos estudiantes hay en la cafetería? _____

3. ¿Cómo descansa Mercedes? _____

4. ¿Por qué estudia en la cafetería? _____
   _____

5. ¿Cuándo es el examen? _____

8 **Tú** Write a paragraph with at least five sentences in which you state your name and where you are from,
where you go to school, the courses you are taking, whether you work (and, if so, where), and some of
your likes and/or dislikes. Use vocabulary and grammar from this lesson. (6 pts. for vocabulary + 6 pts.
for grammar + 3 pts. for style and creativity = 15 pts.)

_____

_____

_____

_____

_____

_____

_____

_____

Tests

Prueba B   Lección 2

1 **Escuchar** Read these statements. Then listen as Professor Molina addresses her students on the first day of classes. Indicate whether each statement is **cierto** or **falso**. (5 × 2 pts. each = 10 pts.)

	Cierto	Falso
1. La profesora Molin enseña español.	—	—
2. La clase es los martes y los viernes.	—	—
3. La clase es de una a dos de la tarde.	—	—
4. Necesitan practicar los miércoles en el laboratorio.	—	—
5. El laboratorio está cerca de la cafetería.	—	—

2 **Este año** Dora and Julia are discussing the year. Write a conversation with at least eight items from the list. (6 pts. for vocabulary + 6 pts. for grammar + 3 pts. for style and creativity = 15 pts.)

biblioteca	comprar	horario	materia
cafetería	descansar	lejos de	necesitar
clase	enseñar	llevar	regresar

_____

_____

_____

_____

_____

_____

_____

3 **Una conversación** Javi and Raúl are talking about their classes. Write the questions. (5 × 2 pts. each = 10 pts.)

JAVI   Raúl, ¿(1) _____?

RAÚL   El diccionario está encima de mi escritorio.

JAVI   Gracias. Necesito estudiar para la prueba de español.

RAÚL   ¿(2) _____?

JAVI   Sí, me gusta mucho estudiar español.

RAÚL   ¿(3) _____?

JAVI   Porque deseo viajar a Latinoamérica.

RAÚL   ¿(4) _____?

JAVI   El profesor Vicente Flores enseña la clase de español.

RAÚL   ¿(5) _____?

JAVI   En la clase hay quince estudiantes.

RAÚL   ¡Qué bien! El próximo (*next*) año tomo la clase yo también.

         Lección 2 Prueba B

Nombre _____   Fecha _____

4 **Números** Look at the report and answer the questions with sentences. Write the numerals as words.
(5 × 2 pts. each = 10 pts.)

	Estudiantes	Información académica
1	número total de estudiantes: 2.650	cursos: 35
2	número de chicos: 1.134	actividades extraescolares: 42
3	número de chicas: 1.516	profesores: 105

1. ¿Cuántos estudiantes en total hay en la escuela? _____

   _____

2. ¿Cuántos chicos hay en la escuela? _____

   _____

3. ¿Cuántas chicas hay en la escuela? _____

   _____

4. ¿Cuántas especialidades hay? _____

   _____

5. ¿Cuántos profesores enseñan en esta escuela? _____

   _____

5 **Mi año** Fill in the blanks with the present tense of the Spanish verb. (10 × 2 pts. each = 20 pts.)

Querido (*Dear*) Santiago:

¿Cómo estás? Yo (1) _____ (*to be*) muy bien. Me

(2) _____ (*to like*) mucho estudiar español en Sevilla. Mi apartamento

(3) _____ (*to be*) muy cerca de la escuela. Yo

(4) _____ (*to study*) todos los días, pero los martes y viernes

(5) _____ (*to work*) en el laboratorio y (6) _____

(*to teach*) inglés en las tardes. Por las noches, mi prima Claire, y yo

(7) _____ (*to prepare*) la tarea y (8) _____ (*to listen*)

música. Las dos (9) _____ (*to need*) practicar español y hablamos mucho.

Bueno, ¿y tú? ¿Qué tal? ¿Qué día (10) _____ (*to arrive*) a España?

Hasta pronto,

Irene

| 55 | **Lección 2** Prueba B

Tests

6 **Preguntas** Answer these questions with sentences. (5 × 2 pts. each = 10 pts.)

    1. ¿Qué día es mañana? _____

    2. ¿Dónde preparas la tarea? _____

    3. ¿Escuchas la radio por las noches? _____

    4. ¿Te gusta viajar? _____

    5. ¿A qué hora llegas a casa hoy? _____

7 **Lectura** Read Juan Antonio's e-mail to his sister and answer the questions with sentences.
(5 × 2 pts. each = 10 pts.)

    Para Tania   **De** Juan Antonio   **Asunto** Saludo

Estoy en la biblioteca, que está al lado del laboratorio. Me gusta la biblioteca porque sólo[1] hay once
estudiantes ahora. Cuando deseo descansar, camino a la cafetería porque está muy cerca de la biblioteca
y tomo un refresco[2]. Estudio aquí porque necesito preparar el examen de historia. El examen es el
viernes a las 10 de la mañana. También necesito preparar la tarea de biología. Necesito estudiar mucho.

[1]*only* [2]*soft drink*

    1. ¿Dónde está la biblioteca? _____

    2. ¿Cuántos estudiantes están en la biblioteca? _____

    3. ¿Cómo descansa Juan Antonio? _____

    4. ¿Por qué estudia en la biblioteca? _____

       _____

    5. ¿Cuándo es el examen? _____

8 **Tú** Write a paragraph with at least five sentences in which you mention the courses you are taking,
when they are (day and time), whether you like the classes, whether you work, and the things you like
to do when you are not studying. Use vocabulary and grammar from this lesson. (6 pts. for vocabulary
+ 6 pts. for grammar + 3 pts. for style and creativity= 15 pts.)

_____

_____

_____

_____

_____

_____

_____

Tests

Prueba C

Lección 2

1 **Escuchar** You will hear five personal questions. Answer them with Spanish sentences.
   (5 × 2 pts. each = 10 pts.)

1. _____

2. _____

3. _____

4. _____

5. _____

2 **¿Qué tal?** Write a conversation between Jessica and Sebastián with at least eight items from the list.
   (4 pts. for vocabulary + 4 pts. for grammar + 2 pts. for style and creativity = 10 pts.)

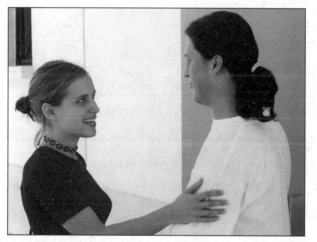

bailar	desear	hablar	tarea
cafetería	escuchar	materia	trabajar
clase	gustar	porque	viernes

_____

_____

_____

_____

_____

_____

_____

_____

_____

_____

Tests

3 **Lectura** Read José's e-mail to his sister and answer the questions with sentences. (5 × 3 pts. each = 15 pts.)

Para Ana   **De** José   **Asunto** Saludo

Estoy en la biblioteca de la escuela. Me gusta la biblioteca: no hay muchos estudiantes. Ahora estoy al lado de la ventana y, cuando deseo descansar, miro a los estudiantes que caminan a clase. Hoy estudio aquí para[1] el examen de matemáticas, porque el examen es el martes a las 10 de la mañana. Deseo regresar a casa a las 3 p.m. para tomar algo[2] y escuchar música.

[1]for [2]something

1. ¿Dónde estudia José? _____

_____

2. ¿Por qué está en la biblioteca? _____

_____

3. ¿Cómo descansa? _____

_____

4. ¿Cuándo es el examen? _____

_____

5. ¿Por qué desea llegar a casa a las tres? _____

_____

4 **Tus clases** Write a paragraph about yourself with at least five sentences in which you state your name and where you are from, the courses you are taking, and some of your likes or dislikes. Use vocabulary and grammar from this lesson. (6 pts. for vocabulary + 6 pts. for grammar + 3 pts. for style and creativity = 15 pts.)

_____

_____

_____

_____

_____

_____

_____

_____

_____

_____

Tests

Prueba D

Lección 2

1 **Escuchar** You will hear five personal questions. Answer them with Spanish sentences.
   (5 × 2 pts. each = 10 pts.)

1. _____

2. _____

3. _____

4. _____

5. _____

2 **¿Qué tal?** Write a conversation between Marina and José using at least eight items from the list.
   (4 pts. for vocabulary + 4 pts. for grammar + 2 pts. for style and creativity = 10 pts.)

biblioteca	cantar	horario	porque
buscar	curso	laboratorio	tarea
caminar	esperar	mirar	terminar

_____

_____

_____

_____

_____

_____

_____

_____

_____

_____

Lección 2 Prueba D

Tests

3 **Lectura** Read Mónica's e-mail to her brother and answer the questions with sentences.
   (5 × 3 pts. each = 15 pts.)

Para Pablo   **De** Mónica   **Asunto** Saludo

Estoy en mi cuarto. Hoy estudio aquí porque Sandra, mi hermana[1], no está en casa. Ella trabaja hoy.
Me gusta estudiar en mi cuarto y escuchar música.

No me gusta estudiar en la biblioteca porque siempre[2] hay muchos estudiantes. Necesito estudiar
para[3] el examen de historia; es mañana, lunes, a las una de la tarde. Cuando deseo descansar,
camino a la cafetería, que está muy cerca, y tomo un refresco[4]. Necesito estudiar mucho porque
Sandra regresa a casa a las 5 de la tarde.

[1]sister [2]always [3]for [4]soft drink

1. ¿Dónde estudia Mónica? _____

   _____

2. ¿Por qué estudia? _____

   _____

3. ¿Desea Mónica estudiar en la biblioteca? ¿Por qué? _____

   _____

4. ¿Cuándo es el examen? _____

   _____

5. ¿Cómo descansa? _____

   _____

4 **Tus clases** Write a paragraph about yourself with at least five sentences in which you state your name
   and where you are from, what you study, whether you work (if so, when and where), and some of your
   likes and/or dislikes. Use vocabulary and grammar from this lesson. (6 pts. for vocabulary + 6 pts. for
   grammar + 3 pts. for style and creativity = 15 pts.)

   _____

   _____

   _____

   _____

   _____

   _____

   _____

   _____

   _____

Lección 2 Prueba D

Tests

Prueba E

Lección 2

1 **Escuchar** Read the statements. Then listen to Professor Sánchez on the first day of class and indicate whether each statement is **cierto** or **falso**. (5 × 2 pts. each = 10 pts.)

	Cierto	Falso
1. El profesor Sánchez enseña italiano (*Italian*).	—	—
2. El horario del curso está en la pizarra.	—	—
3. Los lunes y los miércoles, la clase es de ocho a nueve de la mañana.	—	—
4. Los viernes, la clase es de diez a once de la mañana.	—	—
5. Los estudiantes necesitan papel y calculadora.	—	—

2 **Escribir** Write the numbers as words. (5 × 2 pts. each = 10 pts.)

1. 546 _____

2. 205 _____

3. 38 _____

4. 1.116 _____

5. 809 _____

3 **¿Me ayudas?** Fill in the blanks with words from the list. (5 × 2 pts. each = 10 pts.)

caminamos

horario

lado

química

trimestre

MARÍA Pablo, gracias por ayudarme (*helping me*) con el (1) _____.

PABLO De nada, María. Este (2) _____ hay mucho que estudiar.

MARÍA ¿Dónde está el laboratorio de (3) _____?

PABLO Está al (4) _____ de la biblioteca.

MARÍA ¿(5) _____ al laboratorio?

4 **Emparejar** Match the pictures and descriptions. (5 × 2 pts. each = 10 pts.)

1.

_____
_____
_____

2.

_____
_____
_____

3.

_____
_____
_____

4.

_____
_____
_____

5.

_____
_____
_____

a. Juan y Patricia dibujan.

b. Hay muchos estudiantes en la biblioteca.

c. El reloj está cerca de la puerta.

d. El profesor explica la lección a Pedro y a Luz.

e. La pluma está sobre el escritorio.

5 **Escoger** Select the item that does not belong. (6 × 2 pts. each = 12 pts.)

Lección 2 Prueba E

1. a. la tiza   b. la pluma   c. la papelera
2. a. la geografía   b. el libro   c. la economía
3. a. la materia   b. la especialización c. la librería
4. a. la biblioteca   b. la casa   c. la tarea
5. a. la pizarra   b. el curso   c. el mapa
6. a. el semestre   b. la contabilidad   c. el español

6 **En la clase** Fill in the blanks with the appropriate form of **estar**. (6 × 2 pts. each = 12 pts.)

¿Dónde (1) _____ nosotros en la clase? Yo (2) _____ enfrente de la pizarra.
Al lado de mi escritorio (3) _____ David. Él no habla con Diego y Luisa porque ellos
(4) _____ lejos de él. Tú (5) _____ entre la ventana y Verónica. Ustedes
(6) _____ cerca de la puerta.

7 **Completar** Fill in the blanks with the present tense form of the verbs. (9 × 2 pts. each = 18 pts.)

1. Nosotros _____ (comprar) dos mochilas.
2. Marta y Raquel _____ (cenar) en casa de Ronaldo.
3. Yo _____ (desayunar) en el restaurante que está detrás de la librería.
4. Eduardo _____ (explicar) cómo llegar a la escuela.
5. Los estudiantes _____ (dibujar) el mapa en la pizarra.
6. Yo _____ (preguntar): ¿qué hora es?
7. Maribel _____ (contestar) el teléfono.
8. Elena, Irene y José _____ (regresar) a clase el lunes.
9. Ustedes _____ (necesitar) estudiar en la biblioteca.

8 **Lectura** Read the description of Daniela's semester, then answer the questions. (6 × 3 pts. each = 18 pts.)

Daniela es mi compañera de clase. Ella estudia cinco materias. Los lunes, miércoles y viernes
toma clases de matemáticas, español y literatura. Los martes y jueves toma clases de geografía e
historia. Daniela camina de la casa a la escuela y cena en casa, porque termina sus clases a las tres
de la tarde. Los fines de semana ella trabaja en la biblioteca. Le gusta (*She likes*) bailar y escuchar
la radio.

1. ¿Cuántas materias toma Daniela?
   a. 4   b. 5   c. 6
2. ¿Qué materia no toma?
   a. español   b. literatura   c. computación
3. ¿Cómo llega Daniela a la escuela?
   a. Toma el autobús.   b. Camina.   c. Toma un taxi.
4. ¿A qué hora termina sus clases?
   a. a las 3 p.m.   b. a las 5 p.m.   c. a las 7 p.m.
5. ¿Qué pasa los fines de semana?
   a. Estudia en la biblioteca. b. Baila y canta.   c. Trabaja en la biblioteca.
6. ¿Qué le gusta (*does she like*) a Daniela?
   a. bailar   b. estudiar   c. dibujar

Tests

| 63 | **Lección 2** Prueba E

Prueba F
Lección 2

1 **Escuchar** Read the statements. Then listen to Professor Merino on the first day of class and indicate whether each statement is **cierto** or **falso**. (5 × 2 pts. each = 10 pts.)

	Cierto	Falso
1. El profesor Merino enseña química.	__	__
2. Los lunes, la clase es de ocho a nueve de la mañana.	__	__
3. Los viernes, la clase es a las nueve.	__	__
4. Hay clase de química los miércoles.	__	__
5. Los estudiantes necesitan una calculadora para la clase.	__	__

2 **Escribir** Write the numbers as words. (5 × 2 pts. each = 10 pts.)

1. 324 _____

2. 111 _____

3. 418 _____

4. 1537 _____

5. 819 _____

3 **¿Me ayudas?** Fill in the blanks with words from the list. (5 × 2 pts. each = 10 pts.)

> **caminamos**
> **detrás**
> **química**
> **regresar**
> **trimestre**

ANA Pedro, gracias por (1) _____ al laboratorio conmigo.

PEDRO De nada, Ana.

ANA ¿Éste es el laboratorio de (2) _____?

PEDRO No, éste es el laboratorio de física. El laboratorio de química está (3) _____ de la biblioteca.

ANA Ay, no. ¿(4) _____ a la biblioteca?

PEDRO Sí. Este (5) _____ necesitamos trabajar mucho.

4 **Emparejar** Match the pictures and descriptions. (5 × 2 pts. each = 10 pts.)

1.    _____
    _____
    _____

2.    _____
    _____
    _____

3.    _____
    _____
    _____

4.    _____
    _____
    _____

5.    _____
    _____
    _____

a. La pluma de Juan está sobre el escritorio.

b. El profesor explica el problema a María y a Carlos.

c. Los estudiantes estudian en la biblioteca.

d. Linda y José estudian arte.

e. La clase mira un mapa.

         Lección 2 Prueba F

Tests

5 **Escoger** Select the item that does not belong. (6 × 2 pts. each = 12 pts.)

1. a. el estadio   b. la silla   c. el escritorio
2. a. el inglés   b. el español   c. la contabilidad
3. a. el examen   b. el papel   c. la prueba
4. a. la mochila   b. la puerta   c. la ventana
5. a. el lunes   b. el mes   c. el miércoles
6. a. la librería   b. la biblioteca   c. la economía

6 **En la clase** Fill in the blanks with the appropriate form of **estar**. (6 × 2 pts. each = 12 pts.)

¿Dónde (1) _____ mis compañeros de clase? Tania (2) _____ a la derecha

de mi escritorio. Yo (3) _____ al lado de Carlos. Nosotros (4) _____

enfrente de Lucas, que no mira a Diana porque (5) _____ detrás de él. No hablas con

ella porque tú (6) _____ lejos de su escritorio.

7 **Completar** Fill in the blanks with the present tense form of the verbs. (9 × 2 pts. each = 18 pts.)

1. Yo _____ (cenar) con los padres de Camila.
2. Los hermanos Torres _____ (estudiar) física y matemáticas.
3. Mi tía (*aunt*) _____ (conversar) con el profesor de computación.
4. Pepe _____ (dibujar) en el cuaderno.
5. Los estudiantes _____ (preguntar) dónde está el laboratorio.
6. Luisa _____ (trabajar) cerca de aquí.
7. Los profesores _____ (explicar) el horario de clases.
8. Mis vecinos (*My neighbors*) _____ (regresar) de sus vacaciones mañana.
9. Tú no _____ (desayunar) por la mañana.

8 **Lectura** Read the description of Daniel's semester, then answer the questions. (6 × 3 pts. each = 18 pts.)

Daniel es mi compañero de clase. Este semestre él estudia cuatro materias. Los lunes y miércoles
toma clases de historia y español. Los martes y jueves toma clases de computación y economía.
Daniel toma el autobús para viajar a la escuela y desayuna en la cafetería de la escuela porque su
primera (*first*) clase es a las siete de la mañana. Los fines de semana, él trabaja en un laboratorio. Le
gustan (*He likes*) las lenguas extranjeras y viajar.

1. ¿Cuántas materias toma Daniel?
   a. 4   b. 5   c. 6
2. ¿Qué materia no toma este semestre?
   a. contabilidad   b. periodismo   c. sociología
3. ¿Cómo llega Daniel a la escuela?
   a. Toma un taxi.   b. Camina.   c. Toma el autobús.
4. ¿A qué hora es su primera clase?
   a. a las 6 a.m.   b. a las 7 a.m.   c. a las 8 a.m.
5. ¿Qué pasa los fines de semana?
   a. Prepara la cena.   b. Estudia.   c. Trabaja.
6. ¿Qué le gusta a Daniel?
   a. escuchar la radio   b. viajar   c. bailar

Tests

Prueba A

Lección 3

1 **Escuchar** Read these statements. Then listen to a description of Esteban's life and indicate whether each statement is **cierto** or **falso**. (5 × 2 pts. each = 10 pts.)

	Cierto	Falso
1. Esteban es de Ecuador.	—	—
2. Esteban estudia biología.	—	—
3. Trabaja mucho.	—	—
4. Su novia tiene veintitrés años.	—	—
5. Su novia no trabaja mucho.	—	—

2 **La familia de Graciela** Look at the family tree and write how each person is related to Graciela. Follow the model. Then use your imagination to describe them, using at least six words from the list. (6 pts. for vocabulary + 6 pts. for grammar + 3 pts. for style and creativity = 15 pts.)

modelo
Beatriz es la abuela de Graciela.

antipático/a	guapo/a	moreno/a
bajo/a	joven	rubio/a
delgado/a	malo/a	simpático/a

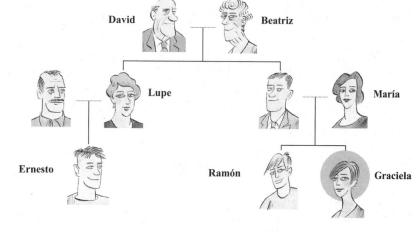

_____

_____

_____

_____

_____

_____

_____

_____

_____

_____

Tests

3 **Julia** Julia is leaving a note for her roommate, Inés. Fill in the blanks with one of the possessive adjectives in parentheses. Pay attention to the meaning of the whole sentence. (5 × 2 pts. each = 10 pts.)

(1) _____ (Mis, Sus, Su) padres vienen mañana a (2) _____
(mis, sus, nuestro) apartamento. Debo terminar (3) _____ (mi, sus, mis) tarea de
español hoy. ¿Tienes que asistir a (4) _____ (mi, mis, tus) clases? Necesitas hablar
con Alicia. Ella tiene (5) _____ (sus, mi, tus) libro de español. Gracias.

4 **La familia Pérez** Fill in each blank with the present tense of the Spanish verb. (10 × 2 pts. each = 20 pts.)

La familia Pérez (1) _____ (to live) en Oaxaca. El padre se llama Joaquín y enseña
español. La madre, Irene, trabaja en una biblioteca. Ella (2) _____ (to open) la
biblioteca todos los días a las 7:30 de la mañana. Los dos (3) _____ (to be) muy
simpáticos y trabajadores. Ellos (4) _____ (to have) dos hijas. La mayor, María, tiene
veinte años y (5) _____ (to attend) a la UNAM, en la Ciudad de México. La menor,
Marlene, tiene doce años. Las hermanas son muy buenas amigas y ellas (6) _____
(to share) todas las cosas. Cuando María no está en casa de sus padres, ella le (7) _____
(to write) mucho a su familia. Marlene (8) _____ (to receive) muchos mensajes
electrónicos (e-mails) de ella. Marlene no estudia mucho. Sus padres no (9) _____
(to understand) a Marlene. Ellos creen que ella (10) _____ (should) preparar más
sus clases.

5 **Preguntas** Answer these questions with sentences. (5 × 3 pts. each = 15 pts.)

1. ¿Cuántos años tienes? _____

_____

2. ¿Dónde vive tu familia? _____

_____

3. ¿Tienes hermanos o hermanas? ¿Cuántos? _____

_____

4. ¿Te gusta correr? _____

_____

5. ¿A qué hora vienes a la clase de español? _____

_____

 Lección 3 Prueba A

Tests

6 **Lectura** Read Adrián's web page and answer the questions with sentences. (5 × 3 pts. each = 15 pts.)

http://www.adrianorozco.com

Tengo veintitrés años y estudio en la universidad. Trabajo por las tardes en la cafetería. Cuando trabajo, vienen mis amigos y tomamos café. Hablamos todo el tiempo. A las diez de la noche, regreso a casa y estudio. Yo debo estudiar mucho. Necesito buenas notas[1] en química porque deseo ser médico. Mis padres son médicos y me gusta la profesión.

Este año comparto mi apartamento con Vicente, un estudiante colombiano. Somos buenos amigos. Nosotros hablamos en inglés y en español. El español no es difícil, pero necesito practicar más, porque deseo estudiar un semestre en México.

[1]*grades*

1. ¿Cuántos años tiene Adrián? _____

_____

2. ¿Qué hace (*does he do*) por las tardes? _____

_____

3. ¿Qué materia necesita estudiar y por qué? _____

_____

4. ¿Cuál es la profesión de su madre? _____

_____

5. ¿Con quién vive Adrián? _____

_____

7 **Tu familia** Write a paragraph with at least five sentences where you describe at least one member of your family. What is he or she like physically? What is his or her personality like? What does he or she do on a typical day? What does he or she do for fun? Use vocabulary you learned in this lesson. (6 pts. for vocabulary + 6 pts. for grammar + 3 pts. for style and creativity = 15 pts.)

_____

_____

_____

_____

_____

_____

_____

_____

Tests

Prueba B   Lección 3

1 **Escuchar** Read these statements. Then listen to a description of Manuela's life and indicate whether each statement is **cierto** or **falso**. (5 × 2 pts. each = 10 pts.)

	Cierto	Falso
1. Manuela es española.	—	—
2. Manuela trabja por las mañanas.	—	—
3. Vive con su prima Tina.	—	—
4. Tina es estudiante de matemáticas.	—	—
5. Ellas corren los sábados.	—	—

2 **La familia de Luis Miguel** Look at the family tree and write how each person is related to Luis Miguel. Follow the model. Then use your imagination to describe some of them using at least six words from the list. (6 pts. for vocabulary + 6 pts. for grammar + 3 pts. for style and creativity = 15 pts.)

modelo
Ana María es la esposa de Luis Miguel.

antipático/a	guapo/a	moreno/a
bajo/a	interesante	trabajador(a)
delgado/a	joven	viejo/a

Juan Carlos

Raquel   Eduardo   Luis Miguel   Ana María

José Antonio   Pilar

_____

_____

_____

_____

_____

_____

_____

_____

3 **Patricia** Patricia is leaving a note for her sister, Tina. Fill in the blanks with one of the possessive adjectives in parentheses. Pay attention to the meaning of the whole sentence. (5 × 2 pts. each = 10 pts.)

Necesito terminar esta tarde (1) _____ (mi, tu, su) tarea de cálculo para mañana y no

tengo (2) _____ (mi, tu, tus) calculadora. Tú tienes una, ¿no? ¿Necesitas

(3) _____ (mi, tu, su) calculadora hoy? Gracias. Otra cosa (*Another thing*): tienes un

mensaje telefónico (*phone message*) de (4) _____ (nuestros, tus, sus) padres. Es

(5) _____ (mi, tu, su) aniversario (*anniversary*) este sábado y preparan una fiesta.

4 **Mi familia** Fill in each blank with the present tense of the Spanish verb. (10 x 2 pts. each = 20 pts.)

Mi esposo Esteban y yo (1) _____ (*to live*) en Barcelona. Él es periodista y

(2) _____ (*to write*) para (*for*) un periódico (*newspaper*) español. También

(3) _____ (*to read*) mucho. Yo (4) _____ (*to attend*) a la universidad.

Todas las mañanas a las 6:30, nosotros (5) _____ (*to run*) una hora. Después,

nosotros (6) _____ (*to drink*) café y (7) _____ (*to eat*). Por las

tardes, yo (8) _____ (*should*) estudiar mucho, pero a veces (*sometimes*) miro un poco

la televisión. Esteban siempre (9) _____ (*to come*) a casa tarde (*late*), pero yo

(10) _____ (*to understand*) que los periodistas trabajan mucho.

5 **Preguntas** Answer these questions with sentences. (5 × 3 pts. each = 15 pts.)

1. ¿De qué tienes miedo? _____
   _____

2. ¿Con quién vives este semestre? _____
   _____

3. ¿Cómo es tu familia? _____
   _____

4. ¿Cuántos primos/as tienes? _____
   _____

5. ¿Qué tienes que estudiar hoy? _____
   _____

Tests

6 **Lectura** Read Anabel's web page and answer the questions with sentences. (5 × 3 pts. each = 15 pts.)

http://www.anabeltotino.net

Hola. Soy Anabel. Tengo trece años y estudio en la escuela. Vivo con mi prima (*cousin*) Rosana; ella es de Argentina también. Las dos estudiamos español y tenemos mucha tarea. Por las mañanas voy a la escuela y por las tardes preparo mi tarea en la biblioteca o en la cafetería. Los sábados trabajo en un hospital. Me gusta trabajar porque aprendo mucho. Deseo ser médica. Los domingos me gusta conversar con amigos, comer en restaurantes y leer. Me gusta mucho vivir con Rosana porque es muy fácil compartir mis problemas con ella..

1. ¿De dónde es Anabel? _____

_____

2. ¿Con quién vive? _____

_____

3. ¿Dónde prepara su tarea? _____

_____

4. ¿Trabaja Anabel los domingos? _____

_____

5. ¿Es difícil vivir con Rosana? ¿Por qué? _____

_____

7 **Tu amigo/a** Write a paragraph with at least five sentences in which you describe one of your friends. What is he or she like physically? What is his or her personality like? What does he or she do on a typical day? What does he or she do for fun? Use vocabulary you learned in this lesson. (6 pts. for vocabulary + 6 pts. for grammar + 3 pts. for style and creativity = 15 pts.)

_____

_____

_____

_____

_____

_____

_____

_____

_____

_____

Tests

Prueba C

Lección 3

1 **Escuchar** You will hear five personal questions. Answer them with Spanish sentences.
(5 × 2 pts. each = 10 pts.)

1. _____
2. _____
3. _____
4. _____
5. _____

2 **La familia de Manuela** Look at the family tree and write how each person is related to Manuela.
Follow the model. Use your imagination to describe these people, with at least six words from the list.
(6 pts. for vocabulary + 6 pts. for grammar + 3 pts. for style and creativity = 15 pts.)

> *modelo*
> **José Antonio es el hermano de Manuela.**

alto/a	**guapo/a**	**tonto/a**
feo/a	**interesante**	**trabajador(a)**
gordo/a	**simpático/a**	

_____

_____

_____

_____

_____

_____

_____

_____

3 **Lectura** Read Rosa's website and answer the questions with sentences. (5 × 2 pts. each = 10 pts.)

http://www.rosarodriguez.com

Tengo quince años. Vivo con mis padres y trabajo por las tardes en la biblioteca. Me gusta trabajar allí [1] porque cuando no vienen estudiantes tengo tiempo para leer y estudiar. A veces[2], vienen mis amigas y tomamos café y hablamos. A las cinco de la tarde regreso a casa y estudio. Yo debo estudiar mucho. Debo tener buenas notas[3] en inglés porque deseo ser periodista. Mis padres son periodistas. Tienen que viajar y trabajar en muchos países diferentes. Mi mejor amiga se llama Mónica, ella es de Cuba, y nosotras hablamos en inglés y en español. El español no es difícil, pero necesito practicar más, porque deseo estudiar un semestre en Perú.

[1]*there* [2]*Sometimes* [3]*grades*

1. ¿Cuántos años tiene Rosa? _____
   _____

2. ¿Por qué trabaja en la biblioteca? _____
   _____

3. ¿Qué materia necesita estudiar? ¿Por qué? _____
   _____

4. ¿Cuál es la profesión de su madre? _____
   _____

5. ¿Con quién vive? _____
   _____

4 **¿Cómo eres?** Write a paragraph with at least five sentences where you describe yourself. What are you like physically? What is your personality like? What do you do on a typical day? What do you do for fun? Use vocabulary from this lesson. (6 pts. for vocabulary + 6 pts. for grammar + 3 pts. for style and creativity = 15 pts.)

_____
_____
_____
_____
_____
_____
_____
_____

Prueba D   **Lección 3**

1 **Escuchar** You will hear five personal questions. Answer them with Spanish sentences.
   (5 × 2 pts. each = 10 pts.)

1. _____

2. _____

3. _____

4. _____

5. _____

2 **La familia de Eduardo** Look at the family tree and write how each person is related to Eduardo.
   Follow the model. Use your imagination to describe them, using at least six words from the list.
   (6 pts. for vocabulary + 6 pts. for grammar + 3 pts. for style and creativity = 15 pts.)

   modelo
   Ana María es la hermana de Eduardo.

bajo/a	inteligente	pelirrojo/a
delgado/a	malo/a	viejo/a
guapo/a	moreno/a	

_____

_____

_____

_____

_____

_____

Tests

3 **Lectura** Read Raúl's website and answer the questions with sentences. (5 × 2 pts. each = 10 pts.)

http://www.raulmatute.com

Hola. Soy Raúl. Tengo catorce años, soy mexicano y estudio en la escuela secundaria Itzcoatl. Deseo ser programador porque me gusta diseñar páginas web[1]. También me gusta hablar con mis amigos y conocer[2] gente. Debo estudiar mucho porque también trabajo por las tardes en el centro de computadoras. Este año estoy en el club de arte porque no deseo estar todo el día con computadoras. Mis padres son artistas. Ahora vivo en un apartamento con mis padres y mi hermano, que se llama Peter y es de Maine. Nosotros hablamos inglés y español porque él desea estudiar un año en España y necesita practicar español.

[1]*to design websites* [2]*to meet*

1. ¿De dónde es Raúl? _____
   _____

2. ¿Por qué debe estudiar mucho este semestre? _____
   _____

3. ¿Cuál es la profesión de su padre? _____
   _____

4. ¿Con quién vive Raúl? _____
   _____

5. ¿Por qué Raúl habla con Peter en español? _____
   _____

4 **Una persona importante** Write a paragraph with at least five sentences where you describe an important person in your life. Why is this person important in your life? What is this person like physically? What is his or her personality like? What does he or she do on a typical day? What does he or she do for fun? Use vocabulary from this lesson. (6 pts. for vocabulary + 6 pts. for grammar + 3 pts. for style and creativity = 15 pts.)

_____

_____

_____

_____

_____

_____

_____

_____

_____

Tests

Prueba E

Lección 3

1 **Escuchar** Read the statements. Then listen to Víctor Miguel's description of himself in his personal ad and indicate whether each statement is **cierto** or **falso**. (5 × 2 pts. each = 10 pts.)

	Cierto	Falso
1. Víctor Miguel es de Ecuador.	—	—
2. Víctor trabaja en una biblioteca.	—	—
3. El padre de Víctor es periodista.	—	—
4. Víctor es alto y moreno.	—	—
5. La novia ideal de Víctor debe tener 19 años.	—	—

2 **Emparejar** Match the pictures and descriptions. (5 × 2 pts. each = 10 pts.)

1. _____

2. _____

3. _____

4. _____

5. _____

a. Los señores López tienen un hijo y una hija.

b. Juan es bajo y José es muy alto, pero son hermanos.

c. Los papás y los abuelos de Diego están en la casa.

d. La madre reprende (*scolds*) a su hijo.

e. Juan y Marta son novios.

 Lección 3 Prueba E

3 **La familia** Fill in the blanks with words from the list. (5 × 2 pts. each = 10 pts.)

cuñada
madrastra
prima
suegra
yerno

   1. La esposa de mi hermano es mi _____.

   2. La hija de mis tíos es mi _____.

   3. El esposo de mi hija es mi _____.

   4. Mi _____ es la esposa de mi papá, pero no es mi mamá.

   5. La madre de mi esposo es mi _____.

4 **Gloria** Fill in the blanks with the appropriate form of the verbs. (5 × 2 pts. each = 10 pts.)

Hola, Diana:

Mis tíos (1) _____ (venir) hoy a las cuatro de la tarde. Tú (2) _____

(deber) abrir la puerta, por favor. Yo (3) _____ (venir) a casa a las cinco. Hoy, yo

(4) _____ (asistir) a la clase de español de tres a cuatro y media. A las cinco menos quince,

(5) _____ (correr) a tomar el autobús. Nos vemos.

Gracias,

Gloria

5 **A trabajar** Match the activities in Column A to the professions in Column B. (5 × 2 pts. each = 10 pts.)

A	**B**
1. dibujar	a. el/la artista
2. la biología	b. el/la profesor(a)
3. la computación	c. el/la periodista
4. preguntar y escribir	d. el/la doctor(a)
5. enseñar literatura	e. el/la programador(a)

6 **Completar** Fill in the blanks with words from the list. (7 × 2 pts. each = 14 pts.)

asistes   **comprendo**   **tienes**   **vienes**
comemos   **tengo**   **viene**

SANDRA Hola, Anita. ¿Cuándo (1) _____ tu familia?

ANITA   Viene el sábado. Con permiso, yo (2) _____ que estudiar para un examen.

SANDRA ¿Qué examen (3) _____?

ANITA   Es un examen de química, y hay cosas que no (4) _____.

SANDRA Eso pasa (*That happens*) cuando no (5) _____ a clase.

ANITA   ¿(6) _____ a mi casa a ayudarme (*to help me*)?

SANDRA Claro. Pero (7) _____ juntas (*together*).

| 78 |

Tests

7 **Mi casa es su casa** Fill in the blanks with the appropriate possessive adjectives. (9 × 2 pts. each = 18 pts.)

1. Él es _____ (*my*) primo.
2. _____ (*Your, form.*) amigos son franceses.
3. _____ (*Their*) cuadernos están en el autobús.
4. Victoria es la amiga de _____ (*our*) sobrina.
5. _____ (*My*) casa está detrás de la biblioteca.
6. El esposo de María es _____ (*your, fam.*) yerno.
7. _____ (*His*) cuadernos son azules (*blue*).
8. Los hijos de tu hija son _____ (*your, fam.*) nietos.
9. _____ (*My*) abuelos están en Portugal.

8 **Lectura** Read about Pedro, then indicate whether each statement is **cierto** or **falso**.
   (6 × 3 pts. each = 18 pts.)

Pedro es de Chile, pero (*but*) sus padres son argentinos. Muchos de sus parientes viven en Chile. La familia de Pedro es muy grande. Su madre tiene cuatro hermanas y un hermano. Su padre tiene tres hermanos. Pedro estudia en la escuela y le gusta la clase de matemáticas. Él no tiene hermanos, pero tiene muchos amigos en la escuela.

	Cierto	Falso
1. Los padres de Pedro son argentinos.	—	—
2. Pedro no tiene parientes en Chile.	—	—
3. La madre de Pedro tiene cinco hermanas.	—	—
4. Pedro es artista.	—	—
5. Pedro estudia matemáticas.	—	—
6. Pedro tiene un hermano.	—	—

Tests

Prueba F   Lección 3

1 **Escuchar** Read the statements. Then listen to Ana Isabel's description of herself in her personal ad and indicate whether each statement is **cierto** or **falso**. (5 × 2 pts. each = 10 pts.)

	Cierto	**Falso**
1. Ana Isabel es de los Estados Unidos.	—	—
2. Ana Isabel trabaja en una librería.	—	—
3. La madre de Ana Isabel es doctora.	—	—
4. El hermano de Ana Isabel no estudia.	—	—
5. El novio de Ana Isabel debe ser simpático.	—	—

2 **Emparejar** Match the pictures and descriptions. (5 × 2 pts. each = 10 pts.)

1. _____

2. _____

3. _____

4. _____

5. _____

a. Mi libro está en la ventana.

b. Pepe está con sus padres y sus abuelos.

c. La señora Díaz lee un libro.

d. Ana y Diego son novios.

e. La familia Pérez está en el parque.

Tests

3 **La familia** Complete the sentences with words from the list. (5 × 2 pts. each = 10 pts.)

abuelos
padre
sobrinos
suegra
tíos

1. Los padres de mis padres son mis _____.
2. Los hijos de mi hermana son mis _____.
3. La madre de mi esposo es mi _____.
4. El hijo de mis abuelos que (*that*) no es mi tío es mi _____.
5. Los padres de mis primos son mis _____.

4. **Valeria** Fill in the blanks with the appropriate form of the verbs. (5 × 2 pts. each = 10 pts.)

Hola, Mario:

Yo (1) _____ (estar) en la escuela. La clase de español

(2) _____ (ser) de una a dos. Mi hermano y su esposa (3) _____

(venir) a cenar esta noche. A las cinco (yo) (4) _____ (correr) al supermercado

(*grocery store*). Tú (5) _____ (tener) que regresar a casa antes de las seis.

Hasta pronto.

Gracias,

Valeria

5. **A trabajar** Match the activities in Column A to the professions in Column B. (5 × 2 pts. each = 10 pts.)

A	**B**
1. escribir y preguntar	a. el/la programador(a)
2. trabajar con computadoras	b. el/la artista
3. las ciencias	c. el/la doctor(a)
4. bailar o dibujar	d. el/la profesor(a)
5. enseñar geografía	e. el/la periodista

6. **Completar** Fill in the blanks with appropriate words from the list. (7 × 2 pts. each = 14 pts.)

comemos   **creo**   **simpática**   **vives**
comprendo   **difícil**   **vienes**

PEDRO Hola, Paula. ¿Cuándo es el examen de español?

PAULA Es el viernes, pero yo todavía (*still*) no (1) _____ muchas cosas.

PEDRO Yo (2) _____ que (*that*) la clase es muy fácil.

PAULA ¡No! La profesora es (3) _____ pero su clase es muy (4)

_____.

PEDRO ¿Tú (5) _____ cerca de la escuela?

PAULA Sí. (6) _____ a mi casa a ayudarme (*to help me*)?

PEDRO Claro. Pero (7) _____ juntos (*together*).

Lección 3 Prueba F

Tests

7 **Los adjetivos posesivos** Fill in the blanks with the appropriate possessive adjectives.
   (9 × 2 pts. each = 18 pts.)

   1. Éste es _____ (*my*) cuaderno.

   2. _____ (*our*) libros están encima del escritorio.

   3. _____ (*her*) padres están en España.

   4. Mi hermana es la madre de _____ (*my*) sobrinas.

   5. _____ (*their*) casa está cerca del estadio.

   6. Tu padre es el abuelo de _____ (*your*) hijos.

   7. _____ (*your, form.*) primo es japonés.

   8. Ése es _____ (*his*) diccionario.

   9. _____ (*our*) abuela es alemana.

8 **Lectura** Read about Linda, then indicate whether each statement is **cierto** or **falso**.
   (6 × 3 pts. each = 18 pts.)

   Linda es de Venezuela, pero sus padres son españoles. Linda y sus hermanos van a la Escuela Campo
   Alegre, en Caracas. Linda es muy buena estudiante. Ella desea ser una doctora importante. Su hermano
   mayor, Carlos, también estudia en la misma escuela. Fabián, su hermano menor, desea ser artista. Ellos
   viven lejos de la escuela. Por suerte (*luckily*), comparten un auto grande.

		Cierto	Falso
1.	Los padres de Linda son de España.	—	—
2.	Linda asiste a la escuela en Maracaibo.	—	—
3.	Linda tiene dos hermanos.	—	—
4.	Linda desea ser doctora.	—	—
5.	Ellos viven muy cerca de la escuela.	—	—
6.	Linda comparte un auto con sus hermanos.	—	—

Tests

Prueba A   Lección 4

1 **Escuchar** Read these statements and multiple-choice options. Then listen to the advertisement for **Club Cosmos** and select the correct option. (5 × 2 pts. each = 10 pts.)

    1. El Club Cosmos está en...

        a. las montañas.   b. el pueblo.   c. la ciudad.

    2. Las actividades son para...

        a. la familia.   b. los aficionados al deporte.   c. los niños.

    3. En el Club Cosmos hay...

        a. dos gimnasios.   b. dos cafeterías.   c. dos piscinas.

    4. Usted puede pasar en la cafetería...

        a. sus ratos libres.   b. todos los días.   c. sus vacaciones.

    5. Cierran...

        a. a las doce de la noche.   b. los ratos libres.   c. los sábados.

2 **En la escuela** Describe what people are doing in the picture. Write at least five sentences.
   (6 pts. for vocabulary + 6 pts. for grammar + 3 pts. for style and creativity = 15 pts.)

_____

_____

_____

_____

_____

_____

_____

_____

_____

    | 83 |

Tests

3 **¿Qué hacemos?** Fill in the blanks with the present tense of the stem-changing verbs, irregular verbs, or verbs with an irregular **yo** form indicated by the English verbs in parentheses. (10 × 2 pts. each = 20 pts.)

MARIANA ¿(1) _____ (*to see*) el partido en la televisión?

LUCÍA No, hoy (2) _____ (*to prefer*) ir al cine. Yo (3) _____ (*to want*) ver una película francesa.

MARIANA No me gustan las películas francesas. (4) _____ (*to think*) que son aburridas (*boring*).

LUCÍA Tú no (5) _____ (*to understand*) nada de películas extranjeras. Por favor, si hoy nosotras (6) _____ (*to go*) al cine, mañana (7) _____ (*can*) jugar al tenis.

MARIANA Bueno, vamos al cine. ¿A qué hora (8) _____ (*to begin*) la película?

LUCÍA A las seis, (9) _____ (*to suppose*). Voy a ver en el periódico. Sí, es a las seis.

MARIANA Vamos, pero ¿(10) _____ (*to return*) pronto? Mañana tenemos que hacer muchas cosas.

4 **Preguntas** Answer the questions with sentences. (6 × 3 pts. each = 18 pts.)

1. ¿Qué te gusta hacer en tus ratos libres? _____

_____

2. ¿Qué vas a hacer este fin de semana? _____

_____

3. ¿Qué cosas traes a la clase de español? _____

_____

4. ¿Sales mucho? ¿Cuándo sales? _____

_____

5. ¿Eres aficionado/a a los deportes? ¿Cuáles? _____

_____

6. ¿Qué prefieres: ir a la playa o ver películas? _____

_____

Tests

5 **Lectura** Sandra is writing a postcard to her friend Rubén. Read it and answer the questions.
(6 × 2 pts. each = 12 pts.)

Hola, Rubén:

Por fin consigo un poco de tiempo para escribir una postal. Te escribo desde un parque de la ciudad. Hoy tengo ganas de descansar. Daniel y yo pensamos ir al museo y yo después quiero almorzar en un pequeño café que hay en la Plaza Mayor. Laura y Sebastián van a pasear por el centro. Todos tenemos que volver a las siete al hotel porque mañana vamos de excursión. Vamos a escalar unas montañas. Daniel dice que son muy bonitas.

Y tú, ¿cómo estás? Supongo que bien. Por ahora te digo adiós, pero hablamos pronto.

Un beso,

Sandra

1. ¿Por qué puede Sandra escribir la postal? _____

   _____

2. ¿Dónde está Sandra? _____

3. ¿Qué quiere hacer ella? _____

4. ¿Qué van a hacer Sandra y Daniel? _____

5. ¿Dónde va a comer Sandra? _____

6. ¿Qué piensa Daniel de las montañas? _____

   _____

6 **Tus ratos libres** Write a paragraph with at least five sentences where you talk about how you usually spend your free time, and how you will spend it tomorrow. Use vocabulary and grammar from this lesson.
(10 pts. for vocabulary + 10 pts. for grammar + 5 pts. for style and creativity = 25 pts.)

_____

_____

_____

_____

_____

_____

_____

_____

_____

| 85 | **Lección 4** Prueba A

Tests

Prueba B   Lección 4

1 **Escuchar** Read these statements and multiple-choice options. Then listen to the advertisement for **Club Excursionista** and select the correct option. (5 × 2 pts. each = 10 pts.)

    1. El Club Excursionista está en...

      a. la ciudad.   b. el pueblo.   c. las montañas.

    2. Pueden pasar...

      a. un fin de semana.   b. un rato.   c. su familia.

    3. En el Club Excursionista hay...

      a. tres gimnasios.   b. dos cafeterías.   c. dos piscinas.

    4. Cerca del club hay...

      a. una piscina.   b. un restaurante.   c. un parque.

    5. Si desean más información, las personas pueden...

      a. leer el periódico.   b. escribir un mensaje electrónico. c. escribir una carta.

2 **En el parque** Describe what people are doing in the picture. Write at least five sentences.
(6 pts. for vocabulary + 6 pts. for grammar + 3 pts. for style and creativity = 15 pts.)

_____

_____

_____

_____

_____

_____

_____

| 86 | **Lección 4** Prueba B

Tests

3 **¿Fútbol?** Fill in the blanks with the present tense of the Spanish stem-changing verbs, irregular verbs, or verbs with an irregular **yo** form indicated by the English verbs in parentheses. (10 × 2 pts. each = 20 pts.)

DAVID ¿(1) _____ (*to want*) ir al cine?

LUIS No, hoy (2) _____ (*to prefer*) estar en el hotel. Nosotros

(3) _____ (*can*) mirar la televisión. Esta tarde hay un partido de fútbol.

Hoy (4) _____ (*to play*) mi equipo favorito.

DAVID Yo no (5) _____ (*to understand*) nada de fútbol. Yo

(6) _____ (*to suppose*) que hoy vamos a ver el partido de fútbol,

pero mañana nosotros (7) _____ (*to go*) al cine. ¿Qué

(8) _____ (*to think*) tú?

LUIS Bueno, mañana vemos una película.

DAVID ¿A qué hora (9) _____ (*to begin*) el partido?

LUIS A ver... a las tres.

DAVID Pues, voy a ir a pasear un poco.

LUIS Bueno, pero (10) _____ (*to return*) pronto, ¿no? No quiero ver el partido

solo (*alone*).

4 **Preguntas** Answer these questions with sentences. (6 × 3 pts. each = 18 pts.)

1. ¿Qué clases prefieres este (*this*) semestre? _____

_____

2. ¿Eres aficionado/a al cine? _____

_____

3. ¿Sales mucho los fines de semana? ¿Adónde vas? _____

_____

4. ¿Juegas al fútbol? ¿Y al béisbol? _____

_____

5. ¿Qué vas a hacer este fin de semana? _____

_____

6. ¿Te gusta leer el periódico? _____

_____

Tests

5 **Lectura** Sandra has received a postcard from her friend Rubén. Read it and answer the questions.
(6 × 2 pts. each = 12 pts.)

Hola, Sandra:

Gracias por la postal. Te escribo desde la cafetería de la escuela. Luis, Marta y yo queremos salir esta tarde. Marta quiere ver una película mexicana, pero yo no soy aficionado a las películas y no tengo ganas de ir al cine. Hoy prefiero pasar tiempo en el gimnasio y después leer una revista. Este fin de semana, vamos a ir al museo y después a comer en un bonito restaurante del centro. Ahora tengo que ir a la biblioteca, porque tengo que estudiar para un examen de historia. ¡Necesito descansar! Espero recibir otra postal pronto.

Un beso y saludos a tus amigos,

Rubén

1. ¿Dónde está Rubén? _____

2. ¿Qué piensan hacer por la tarde él y sus amigos? _____

_____

3. ¿Qué quiere hacer Rubén? _____

4. ¿Qué van a hacer este fin de semana? _____

_____

5. ¿Adónde va a estudiar Rubén? _____

6. ¿Por qué tiene que estudiar Rubén? _____

_____

6 **Tus ratos libres** Write a paragraph with at least five sentences where you talk about how you usually spend your free time and how you will spend it tomorrow. Use vocabulary and grammar from this lesson.
(10 pts. for vocabulary + 10 pts. for grammar + 5 pts. for style and creativity = 25 pts.)

_____

_____

_____

_____

_____

_____

_____

_____

 Lección 4 Prueba B

Tests

Prueba C   Lección 4

1 **Escuchar** You will hear five personal questions. Answer them with Spanish sentences.
   (5 × 2 pts. each = 10 pts.)

   1. _____

   2. _____

   3. _____

   4. _____

   5. _____

2 **En la ciudad** Look at the picture and imagine that some friends are going to spend the day in the city.
   Describe what they are going to do, using vocabulary from this lesson, based on what you see. Write at
   least five sentences. (6 pts. for vocabulary + 6 pts. for grammar + 3 pts. for style and creativity = 15 pts.)

   _____

   _____

   _____

   _____

   _____

   _____

   _____

   _____

   _____

   _____

Tests

| 89 |

3 **Lectura** Read this advertisement for the **Club Deportivo Mérida** and answer the questions with sentences. (5 × 2 pts. each = 10 pts.)

¿Es usted una persona activa? ¿Le gusta practicar deportes? Entonces visite el Club Deportivo Mérida, en el parque del centro de la ciudad. Tenemos actividades para los aficionados a todos los deportes. Puede practicar la natación y el ciclismo o jugar al tenis. También tenemos equipos de béisbol, vóleibol y baloncesto; hay partidos cada fin de semana. Nuestro club tiene una piscina, dos gimnasios y un café donde usted puede descansar y leer su correo electrónico. Si quiere más información, puede venir al club. Cerramos a las diez de la noche.

1. ¿Dónde está el Club Deportivo Mérida? _____

   _____

2. ¿Cuándo son los partidos de vóleibol en el Club Deportivo Mérida? _____

   _____

3. ¿Dónde puedes leer tu correo electrónico? _____

   _____

4. ¿Qué deportes puedes practicar en el Club Deportivo Mérida? _____

   _____

5. ¿Te gustan las actividades mencionadas aquí? ¿Cuáles? _____

   _____

4 **El fin de semana** Describe what you are doing this weekend. Use all the verbs in the list. (6 pts. for vocabulary + 6 pts. for grammar + 3 pts. for style and creativity = 15 pts.)

dormir	pensar	querer
ir	poder	ver

_____

_____

_____

_____

_____

_____

_____

_____

Prueba D   Lección 4

1 **Escuchar** You will hear five personal questions. Answer them with Spanish sentences.
(5 × 2 pts. each = 10 pts.)

1. _____

2. _____

3. _____

4. _____

5. _____

2 **Un día en el parque** Using the activities in the picture as a guide, write at least five sentences that say
what some friends are going to do today. Use the vocabulary from the lesson. (6 pts. for vocabulary + 6 pts.
for grammar + 3 pts. for style and creativity = 15 pts.)

_____

_____

_____

_____

_____

_____

_____

_____

_____

3 **Lectura** Read this advertisement for the **Club Ciudad Azul** and answer the questions with sentences. When answering with numbers, write them as words. (5 × 2 pts. each = 10 pts.)

El Club Ciudad Azul abre el próximo sábado en el centro de la ciudad, al lado del Museo de Arte. Es un lugar familiar donde va a encontrar actividades deportivas y sociales. Durante la primera semana, puede visitarnos y ver nuestras instalaciones[1]. El club tiene dos piscinas, dos gimnasios y un restaurante. También tiene una biblioteca donde puede pasar sus ratos libres o leer el periódico y un café donde puede reunirse[2] con los amigos. Los fines de semana, tenemos actividades para todos: puede practicar la natación y el baloncesto o jugar al tenis. Si quiere más información, puede llamar al teléfono 24-98-50. Cerramos a las once de la noche.

[1] *facilities* [2] *meet*

1. ¿Dónde está el Club Ciudad Azul? _____
   _____

2. ¿Qué deportes puedes practicar en el Club Ciudad Azul? _____
   _____

3. ¿Dónde puedes leer el periódico? _____
   _____

4. ¿Cuál es el número de teléfono? _____
   _____

5. ¿Te gustan las actividades mencionadas aquí? ¿Cuáles? _____
   _____

4 **Vacaciones** Describe what you are going to do on your next vacation. Use all the verbs in the list. (6 pts. for vocabulary + 6 pts. for grammar + 3 pts. for style and creativity = 15 pts.)

jugar	poder	preferir	querer	visitar	volver

_____

_____

_____

_____

_____

_____

_____

Tests

Prueba E

Lección 4

1 Escuchar Read the statements. Then listen to the radio commercial and indicate whether each statement is **cierto** or **falso**. (5 × 2 pts. each = 10 pts.)

En el gimnasio Tarzán...	Cierto	Falso
1. tienen clases de baloncesto.	___	___
2. las clases empiezan a las nueve.	___	___
3. cierran a las diez de la noche.	___	___
4. hay clases todos los días.	___	___
5. te dan una pelota de fútbol si vas ahora.	___	___

2 Conjugar Complete the chart with the appropriate verb forms. (5 × 2 pts. each = 10 pts.)

Infinitive	yo	nosotros/as
conseguir	(1) _____	(2) _____
contar	(3) _____	
perder	(4) _____	
mostrar		(5) _____

3 Escribir Write sentences using **ir a** with the information provided. Follow the model. (5 × 2 pts. each = 10 pts.)

> ***modelo***
> ustedes / dormir / en mi casa
> **Ustedes van a dormir en mi casa.**

1. Patricia / leer el periódico / en los ratos libres

   _____

2. Jorge / visitar monumentos /en el centro

   _____

3. yo / jugar videojuegos / el fin de semana

   _____

4. nosotros / nadar / en el gimnasio

   _____

5. Lola y Daniel / ir / al parque

   _____

4 **Escoger** Select the item that does not belong. (5 × 2 pts. each = 10 pts.)

1. a. la patineta   b. la bicicleta   c. la natación
2. a. el equipo   b. el golf   c. el hockey
3. a. la iglesia   b. la carta   c. el museo
4. a. pasear en bicicleta   b. patinar en línea   c. jugar videojuegos
5. a. el periódico   b. el videojuego   c. la revista

5 **Completar** Fill in the blanks with the appropriate form of the verbs. (6 × 2 pts. each = 12 pts.)

1. Sofía _____ (empezar) a ver una película.
2. Los Pumas de la UNAM _____ (jugar) en el estadio.
3. El jugador _____ (pedir) una pelota de tenis.
4. Mariana _____ (oír) la radio por la tarde.
5. César y yo _____ (preferir) jugar al vóleibol.
6. Tú _____ (seguir) el partido por la radio.

6 **Escribir** Fill in the blanks with the **yo** form of the appropriate verbs. (6 × 2 pts. each = 12 pts.)

decir   **salir**
hacer   **traer**
oír   **ver**

1. Por las mañanas, _____ de mi casa a las siete.
2. _____ la radio por las tardes.
3. Los fines de semana _____ películas con mi familia.
4. _____ nos libros a la biblioteca.
5. Cuando mis amigos tienen hambre, _____ sándwiches.
6. Siempre (*Always*) _____ la verdad.

Lección 4 Prueba E

Tests

7 **Mariela** Fill in the blanks with the present tense form of the appropriate verbs. (9 × 2 pts. each = 18 pts.)

1. Los padres de Mariela _____ (conseguir, jugar, oír) boletos para el partido de fútbol.

2. En la mañana, Mariela _____ (poner, salir, jugar) al golf con sus primos.

3. Mariela _____ (mostrar, oír, suponer) su colección de pelotas de fútbol.

4. Los hermanos de Mariela _____ (poner, preferir, perder) jugar videojuegos.

5. Mariela y yo _____ (empezar, ver, salir) a hacer el desayuno.

6. La mamá de Mariela no _____ (traer, recordar, volver) si hay fruta (*fruit*) para el desayuno.

7. El papá de Mariela _____ (entender, dormir, traer) los boletos para el partido de fútbol.

8. Mariela y yo _____ (contar, poder, repetir) ir al partido con nuestros amigos.

9. Y tú, ¿_____ (contar, querer, repetir) ir con nosotros?

8 **Lectura** Read Fernanda's e-mail, then answer the questions. (6 × 3 pts. each = 18 pts.)

Hola, Cristina:

Mi familia y yo vamos a hacer muchas cosas este fin de semana. Hoy, a las 10:00 a.m., voy a pasear en bicicleta. Mi hermano, Marcos, va a ir de excursión al lago (*lake*) y piensa nadar toda la mañana. A las 2:00 p.m. voy a almorzar con mis papás. Mañana hay un partido de fútbol. Pienso que el equipo de Marcos va a ganar. Después (*After*) del partido vamos a la piscina para tomar el sol y nadar. ¿Puedes ir conmigo a la piscina el próximo (*next*) fin de semana? ¡La natación es fantástica!

Hasta pronto,

Fernanda

1. ¿Qué le cuenta Fernanda a Cristina en su mensaje?
   a. sus planes   b. cómo llegar al lago   c. cuántos hermanos tiene

2. ¿A qué hora va a pasear en bicicleta Fernanda?
   a. a las 2:00 p.m.   b. a las 9:00 a.m.   c. a las 10:00 a.m.

3. ¿Qué actividad piensa hacer Marcos en el lago?
   a. natación   b. esquí acuático   c. buceo

4. ¿Qué va a hacer Fernanda con sus papás?
   a. almorzar   b. jugar al golf   c. ir de excursión

5. ¿Adónde quiere ir Fernanda con Cristina?
   a. al lago   b. al partido de fútbol   c. a la piscina

6. ¿Quién piensa que la natación es fantástica?
   a. sus papás   b. Fernanda   c. Cristina

Prueba F   Lección 4

1 **Escuchar** Read the statements. Then listen to the radio commercial and indicate whether each statement is **cierto** or **falso**. (5 × 2 pts. each = 10 pts.)

	Cierto	Falso
En el gimnasio Sansón...		
1. tienen clases de tenis.	—	—
2. las clases empiezan a las nueve.	—	—
3. cierran a las diez de la noche.	—	—
4. hay clases todos los días.	—	—
5. te dan una pelota de fútbol si vas ahora.	—	—

2 **Conjugar** Complete the chart with the appropriate verb forms. (5 × 2 pts. each = 10 pts.)

Infinitive	yo	nosotros/as
decir	(1) _____	(2) _____
dormir	(3) _____	
entender		(4) _____
volver		(5) _____

3 **Tiempo libre** Write sentences using **ir a** with the information provided. Follow the model. (5 × 2 pts. each = 10 pts.)

> *modelo*
> ustedes / dormir / en mi casa
> **Ustedes van a dormir en mi casa.**

1. yo / escribir una carta / a las tres de la tarde

   _____

2. Camilo y Natalia / andar en patineta / en el parque

   _____

3. nosotros / jugar al tenis

   _____

4. Paula / pasear en bicicleta / en el centro

   _____

5. Daniel / ir / a la iglesia / el domingo

   _____

4 **Escoger** Select the item that does not belong. (5 × 2 pts. each = 10 pts.)

1. a. tomar el sol   b. ver películas   c. la pelota

2. a. la iglesia   b. el museo   c. el partido

3. a. el correo   b. el béisbol   c. el ciclismo

4. a. escribir una carta   b. ir de excursión   c. leer el correo electrónico

5. a. el café   b. el centro   c. el restaurante

5 **Completar** Fill in the blanks with the appropriate form of the verbs. (6 × 2 pts. each = 12 pts.)

1. Francisco _____ (cerrar) su correo electrónico

2. Tú _____ (repetir) la excursión porque te gusta mucho.

3. Juliana _____ (ver) un partido de vóleibol.

4. David y yo _____ (recordar) este día importante.

5. El equipo _____ (conseguir) ganar.

6. Clara y Andrea _____ (comenzar) a practicar hockey el sábado.

6 **Escribir** Fill in the blanks with the **yo** form of the appropriate verbs. (6 × 2 pts. each = 12 pts.)

decir   **poner**

hacer   **traer**

oír   **ver**

1. Todos los días _____ música por la mañana.

2. Por las tardes, _____ muchos libros a casa.

3. Mi hermano lee y yo _____ la tarea.

4. Por la noche, _____ mis libros en el escritorio.

5. Los domingos, _____ la televisión por la tarde.

6. ¡Yo _____ que los partidos de fútbol son fantásticos!

7 **Valentina** Fill in the blanks with the present tense form of the appropriate verbs. (9 × 2 pts. each = 18 pts.)

1. El fin de semana Valentina _____ (dormir, querer, cerrar) ir de excursión a las montañas.

2. Valentina y sus hermanos _____ (volver, contar, empezar) a casa a las tres.

3. Después (*After*) de la escuela, Valentina y tú _____ (pensar, conseguir, salir) en lo que van a hacer por la tarde.

4. Su hermanito _____ (cerrar, seguir, salir) a Valentina por toda la casa.

5. Valentina _____ (oír, pedir, dormir) a su mamá una pelota de fútbol para su hermano.

6. Todos los días, Valentina _____ (almorzar, preferir, traer) con su familia.

7. Cuando Valentina y sus hermanos van al centro, tú _____ (pedir, visitar, entender) monumentos con ellos.

8. Valentina _____ (poner, contar, recordar) que tiene que contestar su correo electrónico.

9. Hoy, Valentina y yo _____ (traer, perder, repetir) una mascota (*pet*) a la casa.

8 **Lectura** Read Victoria's e-mail, then answer the questions. (6 × 3 pts. each = 18 pts.)

Hola, Marcela:

¿Recuerdas el complejo deportivo (*sports complex*) que está al lado del estadio? Voy todos los fines de semana porque puedo hacer muchas actividades. Este fin de semana hay partidos de tenis, fútbol y baloncesto para niños y adultos. También hay paseos en bicicleta por el parque todas las mañanas. Yo nado por las tardes en la piscina. Varias chicas de la escuela también vienen los fines de semana. Puedes practicar todos los deportes menos (*but*) golf. Si quieres, te consigo una invitación.

Hasta pronto,

Victoria

1. ¿Dónde practica deportes Victoria?
   a. en el estadio   b. en el complejo deportivo   c. en el parque

2. ¿Qué pasa este fin de semana?
   a. hay partidos de tenis y fútbol   b. hay exhibición de golf   c. hay excursiones

3. ¿Cuándo hay paseos en bicicleta?
   a. todas las noches   b. los fines de semana   c. todas las mañanas

4. ¿Qué hace Victoria por las tardes?
   a. pasea en bicicleta   b. juega al béisbol   c. nada en la piscina

5. ¿Qué deporte no puedes practicar en el complejo deportivo?
   a. el baloncesto   b. el golf   c. la natación

6. ¿Qué puede conseguir Victoria para Marcela?
   a. una invitación   b. una bicicleta   c. una piscina

Lección 4 Prueba F

Tests

Prueba A   Lección 5

1 Escuchar Read these statements and multiple-choice options. Then listen to the advertisement for a travel agency and select the correct answer. (5 × 2 pts. each = 10 pts.)

1. La agencia de viajes se llama _____.
   a. Agencia Puerto Rico   b. Agencia Sol y Mar   c. Agencia Sol y Playa

2. La agencia ofrece (*offers*) _____ en San Juan.
   a. un fin de semana   b. una semana   c. una vuelta

3. Si tienes un mes de vacaciones puedes _____.
   a. ir en barco   b. tomar el sol   c. montar a caballo

4. Boquerón es _____.
   a. una agencia   b. una playa   c. un hotel

5. En Boquerón puedes _____.
   a. acampar   b. pescar   c. ir de compras

2 Vacaciones Two friends are on vacation at the beach. Describe their vacation using at least eight words from the list. Use the present progressive at least twice. (6 pts. for vocabulary + 6 pts. for grammar + 4 pts. for style and creativity = 16 pts.)

aburrido/a	agosto	estación	hacer calor	llave	mar
acampar	caballo	estar	jugar a las cartas	maletas	pescar

_____

_____

_____

_____

_____

_____

3 Hotel Colón Use this hotel directory to answer the questions. Answer with ordinal numbers (e.g., *first, second,* etc.) in complete Spanish sentences. (5 × 1 pt. each = 5 pts.)

Hotel Colón			
	Piso 5	Restaurante Vistas	Habitaciones 58–72
	Piso 4		Habitaciones 40–57
	Piso 3	Gimnasio	Habitaciones 31–39
	Piso 2	Cafetería Ecuador	Habitaciones 21–29
	Piso 1	Biblioteca	Habitaciones 1–20

1. ¿En qué piso está la biblioteca? _____

2. ¿En qué piso está la habitación cuarenta y nueve? _____

3. ¿En qué piso está el restaurante Vistas? _____

4. ¿En qué piso está el gimnasio? _____

5. ¿En qué piso está la cafetería? _____

       Lección 5 Prueba A

4 **De viaje** The Gómez family is taking a trip to San Juan, Puerto Rico. Rewrite the sentences, changing the underlined direct object nouns to direct object pronouns. (8 × 1 pt. each = 8 pts.)

1. Toda la familia hace las maletas. _____

2. Juan pone el equipaje y la cámara de fotos en el automóvil. _____

_____

3. Mariselis lleva los pasaportes. _____

4. Su hijo, Emilio, pide las cartas. _____

5. La abuela, Rosa, busca el periódico. _____

6. Juan tiene los pasajes de avión. _____

7. Mariselis va a comprar mapas de Puerto Rico. _____

8. La abuela y Mariselis quieren visitar los monumentos de San Juan. _____

5 **Amigos** Fill in the blanks with the appropriate forms of **ser** or **estar**. (10 × 1.5 pts. each = 15 pts.)

DIANA   ¡(1) _____ lloviendo!

MIGUEL   Claro, (2) _____ otoño, ¿no?

DIANA   Mmm... no me gusta la lluvia y tengo que ir al hospital y (3) _____ lejos.

MIGUEL   ¿Al hospital? ¿(4) _____ preocupada por algo (*anything*)?

DIANA   No, mi amigo Noé (5) _____ médico y (6) _____ trabajando allí.

MIGUEL   ¿Ustedes (7) _____ novios?

DIANA   No, él (8) _____ muy enamorado de otra chica. Nosotros (9) _____ solamente (*just*) amigos.

MIGUEL   Oye, yo (10) _____ aburrido, ¿quieres ir a tomar un café?

DIANA   No, lo siento, no puedo... tengo que ir al hospital. Quizás el fin de semana...

6 **Preguntas** Answer these questions with Spanish sentences. (6 × 3 pts. each = 18 pts.)

1. En verano, ¿prefieres ir de vacaciones al campo o a la playa? _____

_____

2. En invierno, ¿adónde vas de vacaciones? _____

_____

3. ¿Qué tiempo hace hoy en tu ciudad? _____

_____

4. ¿En qué piso tomas la clase de español? _____

_____

5. ¿Te gusta viajar en tren? ¿Por qué? _____

_____

6. ¿Cuáles son tres cosas que haces cuando vas de vacaciones a la playa? _____

_____

       Lección 5 Prueba A

7 **Lectura** Read this advertisement and answer the questions with sentences. (5 × 2 pts. each = 10 pts.)

Agencia Turistar

PUERTO RICO TE ESTÁ ESPERANDO.

Ahora puedes pasar unos días fantásticos por muy pocos dólares. ¿Te gusta viajar en barco? ¿Te gusta el Caribe[1]? Puedes pasar unas magníficas vacaciones visitando las bonitas playas puertorriqueñas. Pero si prefieres las ciudades, puedes visitar San Juan. ¿Dónde dormir? El hotel El Gran Sol está abierto todo el año. Tenemos habitaciones dobles al lado del mar. Puedes tomar el sol en la playa durante[2] el día y pasear por la interesante ciudad por la noche.

Actividades del hotel: pescar, excursiones, montar a caballo, nadar.

Puedes hacer una reservación en el teléfono 684-250-4399.

[1]*Caribbean* [2]*during*

1. ¿Cómo puedes pasar unas buenas vacaciones en Puerto Rico? _____
   _____

2. ¿Quiénes deben ir a San Juan? _____
   _____

3. ¿Cuándo cierra el hotel El Gran Sol? _____
   _____

4. ¿Qué pueden hacer los huéspedes del hotel por la noche? _____
   _____

5. ¿Qué diversiones hay en el hotel? _____
   _____

8 **¿Cómo soy? ¿Cómo estoy?** Write a paragraph with at least five sentences describing yourself. Say what you are like in general, how you are feeling today, and what you are doing right now. Use at least five different adjectives and the vocabulary and grammar from this lesson. (7 pts. for vocabulary + 7 pts. for grammar + 4 pts. for style and creativity = 18 pts.)

_____

_____

_____

_____

_____

_____

_____

_____

_____

_____

Tests

Nombre _____ Fecha _____

Prueba B   Lección 5

1 **Escuchar** Read these statements and multiple-choice options. Then listen to the advertisement for a travel agency and select the correct answer. (5 × 2 pts. each = 10 pts.)

1. La agencia de viajes se llama _____.
   a. Agencia Sol y Playa   b. Agencia El Gran Sol   c. Agencia Puerto Rico

2. La agencia ofrece (*offers*) _____ en San Juan.
   a. un fin de semana   b. una semana   c. una vuelta

3. Si tienes dos semanas de vacaciones puedes _____.
   a. acampar en la playa   b. montar a caballo   c. jugar a las cartas

4. Boquerón es _____.
   a. una agencia   b. una playa   c. un hotel

5. En Boquerón puedes _____.
   a. pescar   b. acampar   c. ir de compras

2 **Vacaciones** Two friends are on vacation in the mountains. Describe their vacation using at least eight words from the list. Use the present progressive at least twice. (6 pts. for vocabulary + 6 pts. for grammar + 4 pts. for style and creativity = 16 pts.)

aeropuerto	enojado/a	excursión	hacer frío	llover	pescar
cama	equipaje	habitación	limpio/a	nevar	seguro/a

_____

_____

_____

_____

_____

_____

3 **Hotel Sol** Use this hotel directory to answer the questions. Answer with ordinal numbers (e.g., *first, second,* etc.) in complete Spanish sentences. (5 × 1 pt. each = 5 pts.)

	Piso 5		Habitaciones 58–72
Hotel	**Piso 4**	Restaurante Vistas	Habitaciones 40–57
Sol	**Piso 3**	Agencia de viajes Sol	Habitaciones 31–39
	Piso 2	Biblioteca	Cafetería Luz del Mar
	Piso 1	Gimnasio	Habitaciones 1–30

1. ¿En qué piso está la biblioteca? _____
2. ¿En qué piso está la habitación sesenta y dos? _____
3. ¿En qué piso está el restaurante Vistas? _____
4. ¿En qué piso está el gimnasio? _____
5. ¿En qué piso está la agencia de viajes Sol? _____

4 **De viaje** The Fernández family is taking a trip to San Juan, Puerto Rico. Rewrite the sentences, changing the underlined direct object nouns to direct object pronouns. (8 × 1 pt. each = 8 pts.)

1. Vicente pone las maletas en el automóvil. _____

2. Isabel lleva los documentos. _____

3. Su hijo, José Manuel, tiene la cámara de fotos. _____

4. Su hija Anabel busca un mapa de la isla. _____

5. Vicente tiene los pasajes de avión. _____

6. La abuela e Isabel quieren visitar los museos de San Juan. _____
_____

7. Vicente e Isabel quieren escribir cartas a sus amigos. _____
_____

8. Todos quieren tomar café puertorriqueño. _____

5 **Amigos** Fill in the blanks with the appropriate forms of **ser** or **estar**. (10 × 1.5 pts. each = 15 pts.)

NANCY   ¡(1) _____ nevando!

ANDRÉS Claro, (2) _____ febrero, ¿no?

NANCY   Tengo que ir a visitar a un amigo y su casa (3) _____ lejos.

ANDRÉS ¿(4) _____ cansada? ¿Dónde (5) _____ su casa?

NANCY   En el centro. Él (6) _____ triste y necesita hablar conmigo.

ANDRÉS ¿Ustedes (7) _____ novios?

NANCY   Nosotros sólo (8) _____ amigos. Él (9) _____ enamorado de otra chica.

ANDRÉS Bueno, últimamente (*lately*) yo (10) _____trabajando mucho y necesito hablar. Vamos a tomar un café.

6 **Preguntas** Answer these questions with Spanish sentences. (6 × 3 pts. each = 18 pts.)

1. Cuando haces un viaje, ¿prefieres acampar o ir a un hotel? _____
_____

2. ¿Cuáles son tres cosas que haces cuando vas de vacaciones al campo? _____
_____

3. ¿Te gusta viajar en avión? ¿Por qué? _____
_____

4. ¿Cuántos pisos tiene la biblioteca de tu universidad? _____
_____

5. ¿Cuál es la fecha de hoy? _____
_____

6. ¿Qué tiempo hace esta (*this*) semana en tu ciudad? _____
_____

Tests

7 **Lectura** Read this advertisement and answer the questions with sentences. (5 × 2 pts. each = 10 pts.)

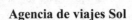

Agencia de viajes Sol

PUERTO RICO TE ESTÁ ESPERANDO.

¿Te gusta explorar paisajes exóticos? Puedes explorar las bonitas playas puertorriqueñas y pasar horas nadando y buceando. También puedes viajar en barco y montar a caballo. Pero si prefieres descansar, las playas de Puerto Rico son ideales para tomar el sol y pescar.

El hotel Mar Azul es el lugar perfecto para las personas que buscan aventura y para las personas que quieren descansar. Puedes hacer muchas actividades durante el día y por la tarde puedes visitar la ciudad. Por la noche puedes cenar en fantásticos restaurantes y bailar en las discotecas.

Actividades del hotel: excursiones en barco, excursiones a caballo, clases de salsa. Puedes hacer una reservación en el teléfono 684-250-4399. El hotel Mar Azul está abierto todo el año.

1. ¿Qué pueden hacer las personas activas en Puerto Rico? _____
   _____

2. ¿Qué puedes hacer en Puerto Rico si estás cansado/a? _____
   _____

3. ¿Qué puedes hacer por la tarde? ¿Y por la noche? _____
   _____

4. ¿En qué meses puedes visitar el hotel Mar Azul? _____
   _____

5. ¿Qué diversiones hay en el hotel? _____
   _____

8 **¿Cómo es? ¿Cómo está?** Write at least five sentences describing a friend of yours. Say what your friend is like in general, how he or she is feeling today, and what he or she is doing right now. Use at least five different adjectives and vocabulary and grammar from this lesson. (7 pts. for vocabulary + 7 pts. for grammar + 4 pts. for style and creativity = 18 pts.)

_____

_____

_____

_____

_____

_____

_____

_____

Tests

Prueba C

Lección 5

1 **Escuchar** You will hear five personal questions. Answer them with Spanish sentences.
(5 × 2 pts. each = 10 pts.)

1. _____
2. _____
3. _____
4. _____
5. _____

2 **Vacaciones** Two friends are on vacation at the beach. Describe their vacation (whether they enjoy the weather, what activities they do to have fun, whether they run into problems, etc.) using at least six words from the list. Use the present progressive and include two direct object pronouns. (4 pts. for vocabulary + 4 pts. for grammar + 2 pts. for style and creativity = 10 pts.)

| alegre | equipaje | jugar | nervioso/a | primer | triste |
| amable | hacer | llave | preocupado/a | quinto/a | verano |

_____

_____

_____

_____

_____

_____

_____

3 **Hotel Colón** Use the hotel directory to answer the questions. Use ordinal numbers (e.g., *first, second,* etc.) in Spanish sentences. (5 × 1 pt. each = 5 pts.)

	Piso 5	Biblioteca	Habitacioes 59–72
	Piso 4	Restaurante Latino	Habitaciones 40–58
Hotel Colón	Piso 3	Gimnasio	Habitaciones 31–39
	Piso 2	Agencia de viajes Turistar	Habitaciones 21–30
	Piso 1	Cafetería Quito	Habitaciones 1–20

1. ¿En qué piso está el restaurante Latino? _____
2. ¿En qué piso está la habitación veintidós? _____
3. ¿En qué piso está la biblioteca? _____
4. ¿En qué piso está la cafetería? _____
5. ¿En qué piso está el gimnasio? _____

| 105 | **Lección 5** Prueba C

Tests

4 **Lectura** Read the advertisement and answer the questions with sentences. (5 × 2 pts. each = 10 pts.)

Agencia Marina

San Juan, Puerto Rico, te está esperando.

Ahora puedes pasar unos días fantásticos por muy poco dinero[1].

¿Dónde dormir? El hotel Casals está en el Viejo San Juan. Cerca del hotel hay cafés, monumentos y restaurantes. Si deseas ir a la playa, tenemos un autobús que lleva allí a nuestros huéspedes.

El hotel Morro está abierto todo el año. Tenemos habitaciones dobles al lado del mar. Puedes tomar el sol en la playa durante[2] el día y pasear en la bonita ciudad en la noche.

Actividades organizadas por el hotel: pescar, excursiones, montar a caballo, nadar.

Puedes hacer una reservación ahora mismo en el teléfono 346-825-9490.

[1]*money* [2]*during*

1. ¿Cómo pueden ir a la playa los huéspedes del hotel Casals? _____
_____

2. ¿Qué hay en el Viejo San Juan? _____
_____

3. ¿Qué mes cierra el hotel Morro? _____
_____

4. ¿Qué pueden hacer los huéspedes del hotel Morro por la mañana? _____
_____

5. ¿Qué diversiones hay en el hotel Morro? _____
_____

5 **¿Cómo es? ¿Cómo está?** Write a paragraph with at least five sentences describing a friend or family member. Say what he or she is like in general, how he or she is feeling today, and what he or she is doing right now. Use at least five different adjectives and the vocabulary and grammar from this lesson. (6 pts. for vocabulary + 6 pts. for grammar + 3 pts. for style and creativity = 15 pts.)

_____
_____
_____
_____
_____
_____
_____
_____
_____

Lección 5 Prueba C

Prueba D

1 **Escuchar** You will hear five personal questions. Answer them with Spanish sentences.
(5 × 2 pts. each = 10 pts.)

1. _____
2. _____
3. _____
4. _____
5. _____

2 **Vacaciones** Two friends are on vacation in the mountains. Describe their vacation (whether they enjoy the weather, what activities they do, whether they run into problems, etc.) using at least six words from the list. Use the present progressive and include two direct object pronouns. (4 pts. for vocabulary + 4 pts. for grammar + 2 pts. for style = 10 pts.)

amable	cansado/a	empleado/a	habitación	invierno	llegada
avergonzado/a	cómodo/a	estación	hacer sol	listo/a	sacar

_____
_____
_____
_____
_____
_____

3 **Hotel Viejo San Juan** Use the hotel directory to answer the questions. Use ordinal numbers (e.g., *first, second,* etc.) in Spanish sentences. (5 × 1 pt. each = 5 pts.)

Hotel Viejo San Juan	Piso 6	Restaurante Tostones	Habitaciones 73–90
	Piso 5	Gimnasio	Habitaciones 58–72
	Piso 4		Habitaciones 40–57
	Piso 3	Agencia de viajes Sol	Habitaciones 31–39
	Piso 2	Biblioteca	Habitaciones 21–29
	Piso 1	Cafetería Luz del Mar	Habitaciones 1–20

1. ¿En qué piso está el restaurante Tostones? _____
2. ¿En qué piso está la habitación cuarenta y tres? _____
3. ¿En qué piso está la biblioteca? _____
4. ¿En qué piso está la cafetería? _____
5. ¿En qué piso está la agencia de viajes Sol? _____

Tests

4 Lectura Read the advertisement and answer the questions with sentences. (5 × 2 pts. each = 10 pts.)

Agencia Marina

San Juan, Puerto Rico, te está esperando.

Ahora puedes pasar unos días fantásticos y económicos.

El hotel Conquistador está en el Viejo San Juan. Cerca del hotel hay museos, monumentos y muy buenos restaurantes. Todos los día, el hotel ofrece[1] viajes a la playa en autobús.

El hotel Coquí está abierto todo el año. Tenemos para usted espectaculares habitaciones al lado del mar. Puede tomar el sol, nadar y bucear en la playa y bailar salsa en las discotecas de la ciudad.

Actividades organizadas en el hotel: clases de salsa, excursiones en bicicleta, excursiones a caballo.

Puedes hacer una reservación en el teléfono 346-825-9490.

[1]*offers*

1. ¿Cómo pueden ir a la playa los huéspedes del hotel Conquistador? _____
   _____

2. ¿Qué hay en el Viejo San Juan? _____
   _____

3. ¿En qué meses puedes visitar el hotel Coquí? _____
   _____

4. ¿Qué actividades acuáticas (*aquatic*) pueden hacer los huéspedes del hotel Coquí? _____
   _____

5. ¿Qué diversiones hay en el hotel Coquí? _____
   _____

5 ¿Cómo eres? ¿Cómo estás? Write a paragraph with at least five sentences describing yourself. Say what you are like in general, how you are feeling today, and what you are doing right now. Use at least five different adjectives and the vocabulary and grammar from this lesson. (6 pts. for vocabulary + 6 pts. for grammar + 3 pts. for style and creativity = 15 pts.)

_____
_____
_____
_____
_____
_____
_____
_____
_____
_____

Lección 5 Prueba D

Tests

Prueba E

Lección 5

1 **Escuchar** Read the statements. Then listen to the podcast about **Isla del Sol** and indicate whether each statement is **cierto** or **falso**. (5 × 2 pts. each = 10 pts.)

	Cierto	Falso
1. Las playas de Isla del Sol son muy limpias.	—	—
2. En invierno hace mucho frío.	—	—
3. En la Isla del Sol hay un hotel excelente.	—	—
4. En la planta baja de Solimar usted puede montar a caballo.	—	—
5. En el sitio web de Solimar usted puede comprar pasajes de avión.	—	—

2 **¿Hace calor o hace frío?** Match the pictures and descriptions. (5 × 2 pts. each = 10 pts.)

Está nublado.   Hace mucho viento.   Nieva.

Hace buen tiempo.   Llueve.

1. _____

2. _____

3. _____

4. _____

5. _____

Lección 5 Prueba E

Tests

3 **Escoger** Match the sentences that form logical pairs. Two items from Column B will not be used.
(5 × 2 pts. each = 10 pts.)

A	B
_____ 1. Omar tiene un examen mañana.	a. Están listas.
_____ 2. Luis y Ana son novios.	b. Estoy equivocado.
_____ 3. Son las once de la noche.	c. Están de mal humor.
_____ 4. Mis primas no duermen bien.	d. Estoy feliz.
_____ 5. Voy de vacaciones a Puerto Rico.	e. Están enamorados.
	f. Está nervioso.
	g. El museo está cerrado.

4 **Oraciones** Fill in the blanks with the present progressive form of the verbs. (5 × 2 pts. each = 10 pts.)

1. Sandra _____ _____ (leer) una revista en la playa.
2. Nosotros _____ _____ (jugar) al golf.
3. Tú _____ _____ (comer) en el restaurante Las Brisas.
4. El viajero _____ _____ (oír) música clásica.
5. Mis sobrinas _____ _____ (dormir) en la habitación.

5 **Ser o estar** Write complete sentences using **ser** or **estar** with the information provided.
(6 × 2 pts. each = 12 pts.)

> *modelo*
> yo / bien
> **Yo estoy bien.**

1. la puerta / abierta

_____

2. Víctor y Carlos / de Puerto Rico

_____

3. la clase / a las doce

_____

4. nosotros / lejos de la estación

_____

5. tú / muy inteligente

_____

6. yo / haciendo windsurf

_____

Tests

6 **Pronombres** Select the sentence that uses the appropriate direct object pronoun. (6 × 2 pts. each = 12 pts.)

1. El botones lleva unas maletas a la habitación.
   a. La lleva. b. Los lleva. c. Las lleva.
2. Están haciendo un viaje de dos semanas.
   a. Están haciéndolo. b. Están haciéndolas. c. Están haciéndolos.
3. Fabiola me invita a la fiesta y también invita a Sabrina.
   a. Las invita. b. Me invita. c. Nos invita.
4. Tú tienes que conseguir tres mapas de la ciudad.
   a. Tienes que conseguirlas. b. Tienes que conseguirlos. c. Tienes que conseguirnos.
5. Norma quiere comprar una motocicleta.
   a. Quiere comprarlo. b. Quiere comprarla. c. Quiere comprarlas.
6. El empleado no entiende a una huésped.
   a. No la entiende. b. No lo entiende. c. No me entiende.

7 **Completar** Select the appropriate verb forms or pronouns. (9 × 2 pts. each = 18 pts.)

Para: carla83@correo.es   De: sabrinagarcía@correo.es   Asunto: Saludos

Querida Carla:

Hoy mis padres y yo (1) (están/estamos/estar) en San Juan, Puerto Rico. Mañana vamos a viajar en tren. (2) (Nos/Me/Te) va a llevar a Bayamón donde vive la familia de mi amiga Lisa. Ellos (3) (son/están/estamos) estadounidenses, pero ahora (now) están (4) (vivir/viven/viviendo) aquí. Hace buen tiempo en San Juan. Hoy está (5) (hacemos/haciendo/hacer) calor y mañana va a hacer frío. Mis padres practican el tenis, pero yo no (6) (los/lo/me) practico. Yo (7) (soy/estar/estoy) al lado de la piscina y estoy (8) (descansando/descansamos/descansar). ¡Te extraño! (*I miss you!*) ¿(9) (Te/Los/Me) escribes pronto?

Tu prima,

Sabrina

8 **Lectura** Read about Mr. and Mrs. Ortega's bus trip from Arecibo to Mayagüez, Puerto Rico, then answer the questions. (6 × 3 pts. each = 18 pts.)

El señor y la señora Ortega están en la estación de autobuses, listos para ir a Mayagüez. El señor Ortega está nervioso porque no quiere tomar el autobús equivocado. Ellos siempre (*always*) viajan en avión o en automóvil. La señora Ortega está contenta porque puede tomar muchas fotos en el camino (*on the way*). El conductor confirma que es el autobús que va a Mayagüez. Ahora el señor Ortega está de buen humor. Ya no está preocupado, y piensa en el mar, el paisaje y los amigos que va a visitar. Además (*Besides*), en Mayagüez hace sol.

1. ¿En qué van los señores Ortega a Mayagüez?
   a. en avión   b. en autobús   c. en automóvil

2. ¿Por qué está nervioso el señor Ortega?
   a. Pueden tomar el autobús   b. Van a viajar en avión.   c. No pueden viajar.
   equivocado.

3. ¿Por qué está contenta la señora Ortega?
   a. Va a tomar el sol.   b. Quiere viajar en autobús.   c. Puede tomar fotos.

4. ¿Quién confirma que el autobús va a Mayagüez?
   a. el señor Ortega   b. la señora Ortega   c. el conductor

5. ¿En qué piensa el señor Ortega cuando está de buen humor?
   a. en el mar y los amigos   b. en el viaje en autobús   c. en el avión

6. ¿Qué tiempo hace en Mayagüez?
   a. Llueve.   b. Hace sol.   c. Hace frío.

                   Lección 5 Prueba E

Prueba F

Lección 5

1 **Escuchar** Read the statements. Then listen to the podcast about Vieques, Puerto Rico, and indicate whether each statement is **cierto** or **falso**. (5 × 2 pts. each = 10 pts.)

	Cierto	Falso
1. Vieques tiene playas muy limpias.	__	__
2. Allí hay un hotel muy malo.	__	__
3. En Viequemar puedes montar a caballo.	__	__
4. No puedes hacer windsurf.	__	__
5. En el sitio web de Viequemar, puedes comprar los boletos.	__	__

2 **¿Cómo está el clima?** Match the pictures and descriptions. (5 × 2 pts. each = 10 pts.)

Está lloviendo.   **Está nublado.**   **Hace mucho viento.**

Está nevando.   **Hace buen tiempo.**

1. _____

2. _____

3. _____

4. _____

5. _____

Tests

3 **Escoger** Match the sentences that form logical pairs. Two items from Column B will not be used.
  (5 × 2 pts. each = 10 pts.)

	A		**B**
_____ 1.	Juan tiene una fiesta (*party*) mañana.	a.	Está feliz.
_____ 2.	Leticia y Julio son novios.	b.	Están listas.
_____ 3.	Lorena y Salomón no duermen bien.	c.	Estoy nervioso.
_____ 4.	Mi compañera explica la lección.	d.	Están enamorados.
_____ 5.	Tengo un examen hoy.	e.	Estoy enamorado.
		f.	Están cansados.
		g.	Está segura.

4 **Oraciones** Fill in the blanks with the present progressive form of the verbs. (5 × 2 pts. each = 10 pts.)

1. Rubén _____ _____ (jugar) *ping pong* con su hermano.

2. María y Luis _____ _____ (leer) el mismo libro.

3. Tú _____ _____ (nadar) en la piscina del hotel.

4. El Sr. Velázquez _____ _____ (comer) la ensalada (*salad*).

5. Tus primas _____ _____ (estudiar) en la habitación.

5 **Ser o estar** Write complete sentences using **ser** or **estar** with the information provided.
  (6 × 2 pts. each = 12 pts.)

> *modelo*
> yo / bien
> **Yo estoy bien.**

1. Carla y yo / en el museo

   _____

2. la fiesta (*party*) / a las diez

   _____

3. tú / costarricense

   _____

4. el café / cerrado

   _____

5. yo / montar a caballo

   _____

6. José y Roberto / primos

   _____

| 114 | **Lección 5** Prueba F

Tests

6 **Pronombres** Select the sentence that uses the appropriate direct object pronoun. (6 × 2 pts. each = 12 pts.)

1. Enrique quiere comprar una tabla de windsurf.

   a. Quiere comprarlo.   b. Quiere comprarla.   c. Quiere comprarlas.

2. Están haciendo un viaje de tres semanas.

   a. Están haciéndolas.   b. Están haciéndolos.   c. Están haciéndolo.

3. Tú tienes que conseguir los pasajes de avión.

   a. Tienes que conseguirlas.   b. Tienes que conseguirlos.   c. Tienes que conseguirnos.

4. El huésped no entiende a una empleada.

   a. No la entiende.   b. No lo entiende.   c. No me entiende.

5. Teresa me invita a la fiesta y también invita a Gustavo.

   a. Los invita.   b. Me invita.   c. Nos invita.

6. El agente confirma la reservación.

   a. La confirma.   b. Los confirma.   c. Las confirma.

7 **Completar** Select the appropriate verb forms or pronouns. (9 × 2 pts. each = 18 pts.)

Para: fabián82@correo.es   De: victoriagarzón@correo.es   Asunto: Saludos

Querido Fabián:

Esta semana, mis padres (1) (estamos/están/estar) en Bayamón, Puerto Rico. Mañana van
a viajar en tren. (2) (Nos/Me/Los) va a llevar a San Juan donde van a estar otra semana.
Mi hermano y yo (3) (son/están/estamos) en casa de mis tíos Sandra y Ramón en el
campo (*country*) y estamos un poco (4) (equivocados/aburridos/ordenados) aquí. Yo
tomo fotos todos los días (*every day*), pero mi hermano no (5) (los/las/la) mira. Él está
(6) (enojado/contento/ocupado) porque quiere regresar a la ciudad a ver a sus amigos.
Hoy, está (7) (hacemos/haciendo/hacer) calor y mañana va a hacer frío. Yo
(8) (soy/estar/estoy) junto a la piscina descansando. ¡(9) (Es/Soy/Está) un día hermoso!
Tu amiga,

Victoria

Tests

Lección 5 Prueba F

8 **Lectura** Read about Ana and Jaime's trip from Mayagüez to Ponce, Puerto Rico, then answer the questions.
(6 × 3 pts. each = 18 pts.)

Ana y Jaime están en la estación de autobuses. Ana lleva dos maletas y Jaime, una. Ellos van a Ponce a visitar a unos amigos. La puerta del autobús está cerrada y Ana está confundida. Piensa que es tarde (*late*). Jaime pide información a un señor. El señor es el conductor del autobús que va a Ponce y confirma que es temprano (*early*). Dice que el autobús va a estar listo en media hora. Ana está de mal humor porque tienen que esperar. Ella quiere salir ahora mismo (*right now*). Media hora después (*after*), Ana oye el motor del autobús y ahora está contenta.

1. ¿Dónde están Ana y Jaime?
   a. en la estación   b. en el aeropuerto   c. en el autobús
   de autobuses

2. ¿Cuántas maletas llevan Ana y Jaime?
   a. dos maletas   b. tres maletas   c. cuatro maletas

3. ¿Por qué está confundida Ana?
   a. Piensa que es tarde.   b. Tiene hambre.   c. La puerta está abierta.

4. ¿Quién confirma que es temprano?
   a. Ana   b. Jaime   c. el conductor del autobús

5. ¿Cuánto tiempo tienen que esperar Ana y Jamie?
   a. una hora   b. media hora   c. una hora y media

6. ¿Por qué Ana está contenta?
   a. Oye el ruido del tren.   b. Oye a Jaime hablar.   c. Oye el motor del autobús.

Lección 5 Prueba F

Tests

Prueba A   Lección 6

1 Escuchar Read the sentence fragments and multiple-choice options. Then listen to the advertisement and select the correct option. (5 × 2 pts. each = 10 pts.)

1. El Caribe es...

    a. una tienda de computadoras.   b. un mercado.   c. un almacén.

2. Los clientes no tienen que gastar mucho dinero porque...

    a. no tienen mucho dinero.   b. van a conseguir las   c. tienen tarjeta de crédito.
    mejores rebajas.

3. En la tienda para niños venden...

    a. pantalones de todos los colores.   b. sombreros.   c. faldas.

4. En la tienda para hombres tienen...

    a. camisetas y pantalones.   b. chaquetas y pantalones.   c. camisas y pantalones.

5. En la tienda las señoras pueden comprar...

    a. vestidos y guantes.   b. blusas y zapatos.   c. cinturones que hacen
    juego con la ropa.

2 De compras Write a dialogue between the customer and the sales clerk based on the picture. Use indirect object pronouns and at least six words from the list. (7 pts. for vocabulary + 7 pts. for grammar + 2 pts. for style and creativity = 16 pts.)

barato/a	dar	pantalones	suéter
caja	efectivo	rebajas	talla
corbata	gris	regalo	tarjeta de crédito

_____

_____

_____

_____

_____

_____

_____

_____

_____

_____

_____

_____

_____

_____

| 117 | **Lección 6** Prueba A

3 ¿Qué desea? Fill in the blanks of this conversation with demonstrative pronouns. (7 × 2 pts. each = 14 pts.)

VENDEDOR ¿Quiere ver aquellas faldas?

DORA Prefiero ver (1) _____ (*these ones here*). ¿Y esa camiseta?

VENDEDOR ¿(2) _____ (*That one*) o (3) _____ (*that one over there*)?

DORA (4) _____ (*That one over there*). Y, ¿puede mostrarme esos vestidos?

VENDEDOR ¿(5) _____ (*These*) o (6) _____ (*those*)?

DORA Éstos. Me gustaría (*I would like*) comprar guantes. ¿Cuánto cuestan (7) _____ (*those over there*)?

VENDEDOR Cuestan cincuenta y ocho dólares.

DORA Los compro.

4 En el centro comercial Read the paragraph and write the preterite forms in the blanks.
(10 × 2 pts. each = 20 pts.)

El sábado pasado, Eugenia y yo fuimos (*went*) al centro comercial a comprar ropa. El centro

(1) _____ (abrir) a las nueve y nosotras (2) _____ (llegar) a las nueve

y treinta de la mañana. Primero, (3) _____ (tomar) café en la cafetería del centro

comercial. Después, (4) _____ (visitar) las tiendas. Luego, a las dos de la tarde,

(5) _____ (volver) a la cafetería para comer algo (*something*). Yo no

(6) _____ (comprar) nada, pero Eugenia compró muchas cosas, porque

(7) _____ (recibir) mucho dinero de sus padres la semana pasada. Yo

(8) _____ (ver) una falda muy bonita, pero muy corta para mí. Eugenia

(9) _____ (gastar) todo su dinero: compró dos vestidos, unos zapatos, una blusa y

una falda. A las nueve de la noche, nosotras (10) _____ (salir) del centro.

5 Preguntas Answer these questions with Spanish sentences. (5 × 3 pts. each = 15 pts.)

1. ¿Qué ropa llevas cuando vas a clase? _____

_____

2. ¿Te prestan dinero tus amigos? _____

_____

3. ¿Sabes qué ropa está de moda? _____

_____

4. ¿A qué hora volviste ayer a casa? _____

_____

5. ¿Cuándo empezaste a estudiar español? _____

_____

6 Lectura Read this advertisement and answer the questions with sentences. (3 × 2 pts. each = 6 pts.)

COLECCIÓN PRIMAVERA-VERANO

Acaba de salir la moda de primavera-verano. Viene en muchos colores y es muy
cómoda. Ya no tenemos que decidir entre estar cómodos y sentirnos elegantes.
Mujeres a la moda: Esta primavera pueden comprar diferentes estilos[1] de botas,
de minifaldas y de camisetas de colores. Este verano pueden llevar vestidos con
variedad de estilos y colores para dar una imagen chic.
Vestidos verde y amarillo: 250 pesos   Zapatos rojos: 150 pesos   Zapatos marrones: 159 pesos
Hombres a la moda: Cómodos pantalones marrones: 175 pesos   Elegante chaqueta negra: 49 pesos

[1]*styles*

1. ¿Cómo es la ropa que viene para la temporada (*season*) de primavera-verano? _____
   _____

2. ¿Cómo son los vestidos que dan una imagen chic? _____
   _____

3. ¿De qué color son los zapatos que cuestan ciento cincuenta y nueve pesos? _____
   _____

7 De compras Write Ana Rosa's responses to Marta's questions. (4 × 2 pts. each = 8 pts.)

MARTA	¿Sabes dónde está la nueva tienda de ropa?	
ANA ROSA	1._____	
MARTA	¿Compraste allí esa falda? Me gusta mucho.	
ANA ROSA	2. _____	
MARTA	¿Sabes si tienen tallas pequeñas? Le quiero comprar una a mi hermanita.	
ANA ROSA	3. _____	
MARTA	¿Estaba barata? ¿Cuánto pagaste?	
ANA ROSA	4. _____	

Tests

8 El fin de semana Write a paragraph with at least six sentences describing what you did last weekend. Use at least four different verbs in the preterite. (4 pts. for vocabulary + 4 pts. for grammar + 3 pts. for style and creativity = 11 pts.)

_____

_____

_____

_____

_____

_____

_____

_____

Lección 6 Prueba A

Tests

Prueba B   Lección 6

1 Escuchar Read the statements and multiple-choice options. Then listen to the advertisement and select the correct option. (5 × 2 pts. each = 10 pts.)

1. El Prado es...

   a. un mercado al aire libre.   b. un centro comercial.   c. un supermercado.

2. El/La cliente/a puede llevar ropa de moda...

   a. a precios de ganga.   b. pagando con tarjeta de crédito.   c. y de muy buena calidad.

3. En la tienda para niños venden _____ para los días de frío.

   a. abrigos   b. impermeables   c. camisetas

4. En la tienda de señoras pueden comprar _____ que hacen juego con todo.

   a. cinturones y corbatas   b. vestidos   c. medias, sombreros y guantes

5. En la tienda para hombres hay una excelente rebaja en...

   a. chaquetas y pantalones.   b. cinturones y corbatas.   c. camisas y pantalones.

2 De compras Write a dialogue between the customer and the sales clerk based on the picture. Use indirect object pronouns and at least six words from the list. (7 pts. for vocabulary + 7 pts. for grammar + 2 pts. for style and creativity = 16 pts.)

azul	chaqueta	precio	regatear
camisa	corbata	rebajas	saber
caro/a	costar	regalo	tarjeta de crédito

_____

_____

_____

_____

_____

_____

_____

_____

_____

_____

_____

_____

_____

_____

_____

3 ¿Qué desea? Fill in the blanks of this conversation with demonstrative pronouns. (7 × 2 pts. each = 14 pts.)

VENDEDOR	Tenemos muchos pantalones en rebaja. ¿Quiere ver (1) _____ (*those over there*)?
PABLO	No, gracias. Prefiero ver (2) _____ (*these*). Y necesito una camisa. ¿Puedo ver (3) _____ (*that one*)?
VENDEDOR	¿(4) _____ (*That one*) o (5) _____ (*that one over there*)?
PABLO	(6) _____ (*That one over there*). Me gustaría (*I would like*) comprar un cinturón también. ¿Cuánto cuesta (7) _____ (*this one*)?
VENDEDOR	Cuesta setenta y ocho dólares.
PABLO	Lo compro.

4 En el centro comercial Read the paragraph and write the preterite forms in the blanks.
(10 × 2 pts. each = 20 pts.)

El domingo pasado, mi novia, Marcela, y yo fuimos (*went*) al centro comercial a comprar ropa. Nosotros
(1) _____ (llegar) a las nueve y media de la mañana, pero ese día el centro no
(2) _____ (abrir) hasta las diez. Entonces, nosotros (3) _____ (esperar)
en una cafetería cerca del centro. A las diez en punto, nosotros (4) _____ (empezar) a
visitar las tiendas. Primero, Marcela (5) _____ (comprar) un traje muy bonito. Después,
un dependiente me (6) _____ (mostrar) una chaqueta muy elegante, pero demasiado corta
para mí. Al fin, yo (7) _____ (encontrar) una tienda de ropa con tallas para personas altas.
Yo (8) _____ (ver) unos pantalones perfectos y otras cosas que necesitaba (*I needed*).
Nosotros no (9) _____ (salir) de la tienda hasta que los dependientes la
(10) _____ (cerrar).

5 Preguntas Answer the questions with Spanish sentences. (5 × 3 pts. each = 15 pts.)

1. ¿Qué ropa llevas a una fiesta (*party*)? _____

   _____

2. ¿Conoces a muchas personas que siguen la moda? _____

   _____

3. ¿Cuál es tu ropa favorita? _____

   _____

4. ¿Gastaste mucho dinero la última vez (*the last time*) que visitaste otra ciudad? _____

   _____

5. ¿A qué hora saliste de tu casa esta mañana? _____

   _____

Tests

6 Lectura Read this advertisement and answer the questions with sentences. (3 × 2 pts. each = 6 pts.)

COLECCIÓN OTOÑO-INVIERNO

Acaba de salir la moda de otoño-invierno. Este año la moda viene en muchos colores para darles alegría a los días fríos.

Mujeres a la moda: Este otoño pueden comprar muchos estilos[1] de faldas y pantalones en rojo, amarillo y anaranjado. Y lo más nuevo: impermeables de color verde y rosado con botas y bolsas que hacen juego.

Impermeable rosado: 165 pesos   Chaqueta: 100 pesos

Impermeable verde: 176 pesos   Abrigo largo: 315 pesos

Hombres a la moda:

Cómodos pantalones y suéteres: 65 pesos   Elegante chaqueta negra: 250 pesos

[1]*styles*

1. ¿Cómo es la nueva moda para la temporada (*season*) de otoño-invierno? _____

_____

2. ¿De qué colores son las nuevas botas? _____

_____

3. ¿De qué color es el impermeable que cuesta ciento setenta y seis pesos? _____

_____

7 Conversación Write Ana's responses to Cristina's questions. (4 × 2 pts. each = 8 pts.)

CRISTINA   ¿Conoces el nuevo centro comercial?

ANA   1. _____

CRISTINA   ¿Compraste allí esos zapatos?

ANA   2. _____

CRISTINA   ¿Cuánto te costaron?

ANA   3. _____

CRISTINA   Eso es mucho dinero. ¿Sabes cuándo van a tener rebajas?

ANA   4. _____

| 123 | **Lección 6** Prueba B

8 El fin de semana Write a paragraph with at least six sentences describing what you did during the most recent long weekend. Use at least four different verbs in the preterite. (4 pts. for vocabulary + 4 pts. for grammar + 3 pts. for style and creativity = 11 pts.)

_____

_____

_____

_____

_____

_____

Lección 6 Prueba B

Tests

Prueba C

Lección 6

1 Escuchar You will hear five personal questions. Answer them with Spanish sentences.
(5 × 2 pts. each = 10 pts.)

1. _____

2. _____

3. _____

4. _____

5. _____

2 De compras Write a dialogue between the customer and the sales clerk based on the picture. Use indirect object pronouns and at least eight words from the list. (6 pts. for vocabulary + 6 pts. for grammar + 3 pts. for style and creativity = 15 pts.)

aquéllos/as	**conocer**	**estos**	**saber**
barato/a	**dar**	**precio**	**tarjeta de crédito**
caro/a	**esta**	**regalo**	**traje**

_____

_____

_____

_____

_____

_____

_____

_____

_____

_____

_____

_____

_____

_____

_____

_____

_____

_____

3 Lectura Read this advertisement and answer the questions with sentences. Write numbers as words.
(5 × 2 pts. each = 10 pts.)

COLECCIÓN OTOÑO-INVIERNO

Acaba de salir la moda de otoño-invierno. Viene en colores marrón y negro y, como es
muy cómoda, ya no tenemos que decidir entre estar cómodos y sentirnos elegantes.

Mujeres a la moda: Este otoño pueden comprar diferentes estilos[1] de botas, de faldas largas
y de vestidos de hermosos colores. En invierno van a ver elegantes abrigos que hacen juego
con trajes de pantalón y chaqueta.

Abrigo de color rojo: 430 pesos   Falda larga de muchos colores: 250 pesos

Abrigo de color marrón: 375 pesos   Botas de color negro: 135 pesos

Hombres a la moda:

Suéter negro de lana: 200 pesos   Pantalones marrones para ir al trabajo: 120 pesos

[1]*styles*

1. ¿Cómo es la ropa que viene para la temporada (*season*) de otoño-invierno? _____

   _____

2. ¿Qué ropa pueden llevar con los abrigos? _____

   _____

3. ¿De qué material es el suéter negro? _____

   _____

4. ¿De qué color es el abrigo que cuesta cuatrocientos treinta pesos? _____

   _____

5. ¿En qué ocasiones pueden llevar los pantalones marrones? _____

   _____

4 Sábado Write a paragraph with at least six sentences describing what you did last Saturday. Use at least four different verbs in the preterite. (6 pts. for vocabulary + 6 pts. for grammar + 3 pts. for style and creativity = 15 pts.)

_____

_____

_____

_____

_____

_____

_____

_____

_____

Lección 6 Prueba C

Tests

Nombre _____ Fecha _____

Prueba D   Lección 6

1 Escuchar You will hear five personal questions. Answer them with Spanish sentences.
(5 × 2 pts. each = 10 pts.)

1. _____
2. _____
3. _____
4. _____
5. _____

2 De compras Write a dialogue between the customer and the sales clerk based on the picture. Use indirect object pronouns and at least six words from the list. (6 pts. for vocabulary + 6 pts. for grammar + 3 pts. for style and creativity = 15 pts.)

abrigo	caro/a	esos	regatear
aquel	conocer	éstos	saber
barato/a	dar	regalo	talla

_____
_____
_____
_____
_____
_____
_____
_____
_____
_____
_____
_____
_____
_____
_____

Tests

3 Lectura Read this advertisement and answer the questions with sentences. Write numbers as words.
(5 × 2 pts. each = 10 pts.)

COLECCIÓN PRIMAVERA-VERANO

Acaba de salir la moda de primavera-verano. Este año mucha ropa viene en colores morado y azul, y en estilos[1] muy cómodos, pero elegantes.

Mujeres a la moda: Esta primavera pueden comprar diferentes estilos de faldas largas y trajes de pantalón y chaqueta para ir al trabajo, con los nuevos colores de este año. En verano van a ver en las tiendas elegantes vestidos que hacen juego con zapatos y bolsas de muchos estilos. Y para ir a la playa, pantalones cortos y sandalias de todos los colores.

Vestido morado: 250 pesos   Falda larga: 150 pesos   Sandalias de color rojo: 135 pesos

Hombres a la moda:

Trajes elegantes en colores claros[2]: 300 pesos   Cómodas camisetas para las vacaciones: 129 pesos

[1]*styles* [2]*light*

1. ¿Cómo es la moda de primavera-verano? _____
    _____

2. ¿Qué pueden llevar con los vestidos? _____
    _____

3. En esta primavera, ¿qué ropa para mujeres está de moda? _____
    _____

4. ¿Qué venden para ir a la playa? _____
    _____

5. ¿Qué ropa para hombres está a la moda? _____
    _____

4 **Domingo** Write a paragraph with at least six sentences describing what you did last Sunday. Use at least four different verbs in the preterite. (6 pts. for vocabulary + 6 pts. for grammar + 3 pts. for style and creativity = 15 pts.)

_____

_____

_____

_____

_____

_____

_____

_____

_____

Lección 6 Prueba D

Tests

Prueba E Lección 6

1 Escuchar Read the statements. Then listen to the store advertisement and indicate whether each statement is **cierto** or **falso**. (5 × 2 pts. each = 10 pts.)

	Cierto	Falso
1. El almacén empezó a vender la semana pasada.	__	__
2. El almacén vende ropa para hombre y para mujer.	__	__
3. Tienen bluejeans, camisas y chaquetas.	__	__
4. Tienen pocas tallas.	__	__
5. No puedes pagar con tarjeta de crédito.	__	__

2 Julio y Lupita Match the sentences that form logical pairs. (5 × 2 pts. each = 10 pts.)

A

_____1. Julio y Lupita van a la piscina.
_____2. Julio y Lupita van a jugar al baloncesto.
_____3. Julio y Lupita van a esquiar a las montañas.
_____4. Julio y Lupita van a salir, pero está lloviendo.
_____5. Julio y Lupita van a un restaurante muy elegante.

B

a. Llevan pantalones cortos y zapatos de tenis y tienen una pelota.
b. Llevan impermeables y botas
c. Él lleva una corbata y ella lleva un vestido.
d. Llevan gafas de sol y trajes de baño.
e. Llevan suéteres, chaquetas y guantes.

3 Completar Fill in the blanks with the present tense form of **saber** or **conocer**. (5 × 2 pts. each = 10 pts.)

1. Yo no _____ a qué hora abre el almacén.
2. Tú _____ un mercado muy barato.
3. Luisa _____ nadar muy bien.
4. Nosotros _____ a la vendedora de zapatos de tenis.
5. Juan y José _____ conducir.

4 Ya pasó Fill in the blanks with the preterite form of the verbs. (5 × 2 pts. each = 10 pts.)

1. Ellos _____ (buscar) el mercado.
2. El dependiente _____ (vender) una camisa.
3. Nosotros _____ (escribir) cartas a nuestros amigos.
4. ¿Tú _____ (pagar) en efectivo por la ropa interior?
5. Juan _____ (llegar) ayer de su viaje a la playa.

5 Escoger Match the pictures and descriptions. (6 × 2 pts. each = 12 pts.)

    a. Hay un sombrero y un traje de baño.

    b. El dependiente ayuda a dos personas.

    c. Julia paga por el vestido.

    d. María paga en efectivo en la caja.

    e. En la tienda hay ropa de hombre y de mujer.

    f. Voy a esquiar este fin de semana.

1.  _____

2.  _____

3.  _____

4.  _____

5.  _____

6.  _____

6 Escribir Rewrite the sentences to include indirect object pronouns. Follow the model. (6 × 2 pts. each = 12 pts.)

> *modelo*
> Ana presta la falda. (*to her*)
> **Ana le presta la falda.**

1. Mario presta dinero. (*to you, pl.*)

   _____

2. Ellos escribir mensajes electrónicos. (*to me*)

   _____

3. Juana vende una cartera. (*to him*)

   _____

4. La vendedora dice dónde comprar trajes de baño. (*to us*)

   _____

5. Lola da los calcetines. (*to you, fam. sing.*)

   _____

6. El vendedor ofrece un descuento. (*to them*)

   _____

7 Juanita va al almacén Fill in the blanks with words from the list. (9 × 2 pts. each = 18 pts.)

bolsa	efectivo	número	rebaja	traje
caras	esta	ofrecer	tenis	

VENDEDOR   Buenas tardes.

JUANITA   Hola, ¿me puede ayudar?

VENDEDOR   Sí. ¿Qué le puedo (1) _____?

JUANITA   Voy de vacaciones a la playa y necesito un par de sandalias. No pueden ser muy

(2) _____ porque no tengo mucho dinero.

VENDEDOR   Muy bien. Yo creo que usted necesita también unos zapatos de

(3) _____. Son más cómodos y si paga en (4) _____

le hacemos una (5) _____.

JUANITA   ¡Qué bien!

VENDEDOR   ¿Qué (6) _____ calza?

JUANITA   Calzo 7. También quiero comprar un (7) _____ de baño, unas gafas de

sol y una (8) _____ blanca.

VENDEDOR   Mire. Tenemos (9) _____ bolsa blanca y es muy elegante.

JUANITA   Gracias por su ayuda, y por la rebaja.

       Lección 6 Prueba E

8 Lectura Read the description of the store, then answer the questions. (6 × 3 pts. each = 18 pts.)

El almacén Azul vende ropa casual de hombre y de mujer. Tiene una gran variedad (*variety*) de colores y tallas. Los bluejeans cuestan de $30 a $50. Las vendedoras están listas si los clientes necesitan ayuda (*help*). Estas muchachas estudian diseño (*design*) de modas. A mí me gusta mucho este almacén. Tiene muy buenos precios y una gran selección.

1. ¿Qué tipo de ropa vende el almacén Azul?
   a. ropa elegante   b. ropa casual   c. ropa deportiva

2. ¿De qué tiene una gran variedad el almacén?
   a. de colores y tallas   b. de precios   c. de bluejeans

3. ¿Cuánto cuestan los bluejeans en el almacén?
   a. de $30 a $40   b. de $20 a $50   c. de $30 a $50

4. Si los clientes necesitan ayuda, ¿cómo están las vendedoras?
   a. listas   b. aburridas   c. enamoradas

5. ¿Qué estudian las muchachas que trabajan en el almacén?
   a. contabilidad   b. diseño de modas   c. matemáticas

6. ¿Por qué le gusta este almacén a María?
   a. Los precios son fijos.   b. Puede regatear.   c. Tiene una gran selección.

Tests

Prueba F   Lección 6

1 Escuchar Read the statements. Then listen to the store advertisement and indicate whether each statement is **cierto** or **falso**. (5 × 2 pts. each = 10 pts.)

		Cierto	Falso
1.	El almacén está en el centro comercial San Juan.	__	__
2.	La entrada está en la calle Constitución.	__	__
3.	El almacén vende sólo ropa de hombre.	__	__
4.	Tienen bluejeans.	__	__
5.	Los precios del almacén son caros.	__	__

2 Juan y Lucy Match the sentences that form logical pairs. (5 × 2 pts. each = 10 pts.)

A

_____1. Juan y Lucy van a jugar al fútbol.

_____2. Juan y Lucy van a nadar.

_____3. Juan y Lucy compran pantalones cortos en la tienda

_____4 Juan y Lucy van a esquiar.

_____5. Juan y Lucy compran unos impermeables

B

a. Llevan pantalones cortos y zapatos de tenis.

b. Llueve mucho.

c. Pagan con tarjeta de crédito.

d. Llevan trajes de baño.

e. Llevan suéteres y guantes.

3 Completar Fill in the blanks with the present tense form of **saber** or **conocer**. (5 × 2 pts. each = 10 pts.)

1. Ana _____ hablar español y francés.

2. Ustedes no _____ a mi amigo Daniel.

3. Tú _____ jugar al tenis como un profesional.

4. Nosotros _____ el castillo del rey (*King*) Juan.

5. Los estudiantes _____ dónde está la biblioteca.

4 ¿Qué pasó ayer? Fill in the blanks with the preterite form of the verbs. (5 × 2 pts. each = 10 pts.)

1. María _____ (comprar) tres trajes de baño ayer.

2. Ustedes _____ (ofrecer) un descuento a los clientes la semana pasada.

3. Yo _____ (buscar) zapatos de tenis ayer.

4. Nosotros _____ (pagar) con tarjeta de crédito en el almacén.

5. Tú _____ (empezar) a leer esta novela.

5 Escoger Match the pictures and descriptions. (6 × 2 pts. each = 12 pts.)

a. Voy a esquiar este fin de semana.

b. Hay un sombrero y un traje de baño.

c. Julia paga por el vestido.

d. María paga en efectivo en la caja.

e. En la tienda hay ropa de hombre y de mujer.

f. El dependiente ayuda a dos personas.

1.  _____

2.  _____

3.  _____

4.  _____

5.  _____

6. 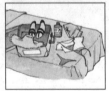 _____

Tests

6 Escribir Rewrite the sentences to include indirect object pronouns. Follow the model. (6 × 2 pts. each = 12 pts.)

> *modelo*
>
> Ana presta la falda. (*to her*)
>
> **Ana <u>le</u> presta la falda.**

1. Luis paga con tarjeta de crédito. (*to them*)

   _____

2. Mariana trae la ropa. (*to you, pl.*)

   _____

3. Félix escribe un mensaje electrónico. (*to me*)

   _____

4. La vendedora muestra los trajes de baño. (*to you, fam., sing.*)

   _____

5. Elisabeth compra calcetines. (*for him*)

   _____

6. Los padres dan dinero. (*to us*)

   _____

7 Juanita va de compras Fill in the blanks with words from the list. (9 × 2 pts. each = 18 pts.)

baratas	**estos**	**servirle**
calza	**gafas**	**vestido**
efectivo	**rebaja**	**zapatos**

VENDEDOR   Buenas tardes.

JUANITA   Hola, ¿me puede ayudar?

VENDEDOR   Sí. ¿En qué puedo (1) _____ ?

JUANITA   Voy de vacaciones a la playa y necesito un par de sandalias

(2) _____ porque no tengo mucho dinero.

VENDEDOR   Muy bien. Yo creo que usted necesita también unos (3) _____ de tenis.

Son más cómodos y si paga en (4) _____ le hacemos una

(5) _____ .

JUANITA   ¡Qué bien!

VENDEDOR   ¿Qué número (6) _____ ?

JUANITA   Calzo 7. También quiero comprar unas (7) _____ de sol, una falda y un

(8) _____ amarillo.

VENDEDOR   Mire. Tenemos (9) _____ vestidos y son muy elegantes.

JUANITA   Gracias por su ayuda, y por la rebaja.

Tests

8 Lectura Read the description of a store at a mall, then answer the questions. (6 × 3 pts. each = 18 pts.)

La semana pasada abrió las puertas la tienda de ropa deportiva El campeón. Esta tienda está en el tercer piso del centro comercial. La tienda tiene una gran variedad de zapatos de tenis, pantalones cortos, camisetas y trajes de baño de todos los colores. Muchas personas buscaron los zapatos de tenis Mercurio en todas las tiendas deportivas de la ciudad y sólo los encontraron en ésta. Esos zapatos son especiales para correr largas distancias. A los primeros cien clientes les dieron una gran rebaja.

1. ¿Cuándo abrió la tienda de ropa deportiva El campeón?
   a. ayer   b. la semana pasada   c. el mes pasado

2. ¿Dónde está la tienda?
   a. en el primer piso   b. en el segundo piso   c. en el tercer piso

3. ¿Qué puedes encontrar en El Campeón?
   a. trajes de baño   b. suéters   c. sombreros

4. ¿Qué buscaron muchas personas?
   a. zapatos de tenis   b. pantalones cortos   c. calcetines deportivos

5. ¿Para qué son especiales esos zapatos?
   a. para caminar en la playa   b. para correr largas distancias   c. para ir de excursión

6. ¿Qué les dieron a los primeros clientes?
   a. una camiseta   b. una gran rebaja   c. tres pares de zapatos

Tests

EXAM A   Lecciones 1–3

1 Escuchar Listen to the conversation between a students and a teacher, and indicate whether each statement is cierto or falso (5 x 2 pts. each = 10 pts.)

1. La profesora Romero está bien.
   - a. cierto   b. falso

2. Nadia es de Puerto Rico.
   - a. cierto   b. falso

3. La clase es a las once y media de la mañana.
   - a. cierto   b. falso

4. Hay diez chicos en la clase.
   - a. cierto   b. falso

5. En la clase no hay computadoras.
   - a. cierto   b. falso

2 Comprensión Read the email that Ricardo writes to his parent. Then answer the questions in complete sentences. (5 x 2 pts. each = 10 pts.)

Hola Papá y Mamá,

¿Cómo están? Yo estoy muy bien. Ahora son las tres y media de la tarde y mi clase de español es a las cuatro de la tarde. Mi profesor de español es de Ecuador y se llama Manuel Benito. Hay veintidós estudiantes en la clase, diez chicos y doce chicas. Hay dos chicos que son de Santa Fe. Ellos son muy simpáticos (*nice*). Me gusta (*I like*) la clase, pero hay un problema: en la clase no hay diccionarios y hay muchas palabras nuevas (*new*) en la lección. Todos los días en el autobús hay una chica. Ella se llama Paloma, es de México y me presenta a sus amigos.

Y ustedes ¿cómo están? ¡Nos vemos pronto! Saludos a Susana.

Con cariño,
Ricardo

1. ¿A qué horas es la clase de español?
   _____

2. ¿Cómo se llama el profesor de español?
   _____

3. ¿Cuántos chicos hay en la clase?
   _____

4. ¿Cuántos chicos son de Santa Fe?
   _____

5. ¿De dónde es Paloma?
   _____

Exams

3 La clase Look at the picture and answer the questions with complete sentences. (5 x 2 pts. each = 10 pts.)

1. ¿Cuántas mochilas hay?

_____

2. ¿Cuántos relojes hay?

_____

3. ¿Qué hora es?

_____

4. ¿Dónde están las computadoras?

_____

5. ¿Cuántos cuadernos hay?

_____

4 De paseo While Hernán shops, Laura and Silvia are walking around the city. Fill in the blanks in their conversation with the verb **tener** and the words from the box. (5 x 1 pt. each = 5 pts.)

años	frío	hambre	razón	sueño
calor	ganas	miedo	sed	suerte

SILVIA ¿(1) _____? Yo ya quiero comer.

LAURA No, ahora no. Podemos comer un poco más tarde. Pero (2) _____

de tomar un café. Estoy muy cansada y (3) _____ .

SILVIA Bueno, vamos a buscar un café. Espera un momento, voy a quitarme el suéter (*sweater*) porque

(4) _____.

LAURA Sí, es verdad. ¡Qué calor hace! ¿Por qué no vamos con Hernán a la biblioteca? Hace demasiado

calor para estar en la calle (*street*).

SILVIA (5) _____, vamos a la biblioteca.

5 Verbos en contexto Fill in each blank with the present tense of the appropriate Spanish verb. (5 x 2 pts. each = 10 pts.)

Querida Francisca:

Yo (1) _____ (*to be*) de los Estados Unidos y (2) _____ (*to study*) en una escuela en Washigton, DC. Me gusta mucho la clase de historia. ¿Qué clases (3) _____ (*to take*) tú? Yo (4) _____ (*to arrive*) a la escuela a las siete y media de la mañana. ¿A qué hora (5) _____ (*to need*) llegar tú a la escuela? Mis amigos y yo (6) _____ (*to eat breakfast*) en la cafetería todos los días. Nosotros siempre (7) _____ (*to drink*) un café. Por la tarde (*in the afternoon*), yo (8) _____ (*to rest*) mientras (*while*) (9) _____ (*to listen*) música. ¿Te gusta escuchar música? Yo (10) _____(*to wish*) saber (*to know*) más de tu vida (*life*).

Hasta pronto,

Amy

6 Oraciones Write complete sentences with the information provided. Write numbers as words. (5 x 2 pt. each = 10 pts.)

1. yo / salir / de casa / 7:15 a.m. / todos los días

   _____

2. el gimnasio / cerrar / 10:45 p.m.

   _____

3. Mario / ir a / visitar / museo / fin de semana

   _____

4. yo / jugar / fútbol / 365 días al año

   _____

5. tú / dormir / 7 horas / todos los días

   _____

7 Preguntas Answer these questions with complete sentences. (5 x 2 pts. each = 10 pts.)

1. ¿Cuántos años tienes?

   _____

2. ¿Qué día es hoy?

   _____

3. ¿Qué programas de televisión te gustan?

   _____

4. ¿Cuántas personas hay en tu familia?

   _____

5. ¿Adónde te gusta ir con tus amigos?

   _____

Exams

8 Opuestos Match each item with its opposite. (5 x 2 pts. each = 10 pts.)

a. antipático
b. bajo
c. bonito
d. difícil
e. gordo
f. malo
g. moreno
h. pequeño
i. tonto
j. viejo

_____ delgado
_____ alto
_____ inteligente
_____ simpático
_____ bueno
_____ rubio
_____ grande
_____ fácil
_____ feo
_____ joven

9 Tu familia Pick a family member and write about him or her. Be sure to cover the topics below.
(6 pts. for vocabulary + 6 pts. for grammar + 3 pt. for style and creativity = 15 pts.)

- What is his or her name?
- What is your relationship with him or her?
- Where does he or she live?

- What is he or she like?
- What does he or she like to do in his or her free time?

_____

_____

_____

_____

_____

_____

_____

_____

_____

_____

_____

_____

_____

_____

_____

_____

_____

_____

_____

Exams

10 Lectura Read this personal ads and then indicate whether the statements correspond to **Eugenio, Amanda, los dos** (*both*), or **ninguno** (*neither*). (5 x 2 pts. each = 10 pts.)

> Hola, me llamo Eugenio. Soy de Venezuela y busco amigos y amigas de otros (*other*) países. No soy muy alto, pero soy guapo y muy simpático. Soy ingeniero y los fines de semana me gusta mucho cantar. Mi hermana, su novio y yo tenemos un grupo musical que se llama Futuro Perfecto. Ahora no tengo novia.

> ¿Qué tal? Me llamo Amanda, soy puertorriqueña y tengo veintitrés años. Soy alta, delgada y simpática. Mi novio ideal es rubio, inteligente y muy trabajador. Mi padre es artista y yo trabajo con él. Tengo dos hermanos y los tres lo compartimos todo y hacemos muchas cosas juntos (*together*). La familia es muy importante para mí, por eso deseo tener dos o tres hijos con mi futuro esposo.

1. _____ Es ingeniero/a.

2. _____ Tiene hermanos.

3. _____ Desea tener hijos.

4. _____ Es alto/a.

5. _____ Es delgado/a.

EXAM B   Lecciones 1–3

1 Escuchar Listen to the conversation between a students and a teacher, and indicate whether each statement is cierto or falso (5 x 2 pts. each = 10 pts.)

1. La profesora Romero está bien.
   a. cierto   b. falso

2. Nadia es de Costa Rica.
   a. cierto   b. falso

3. La clase es a las diez y media de la mañana.
   a. cierto   b. falso

4. Hay trece chicos en la clase.
   a. cierto   b. falso

5. En la clase hay veinte computadoras.
   a. cierto   b. falso

2 Comprensión Read the email that Ricardo writes to his parent. Then answer the questions in complete sentences. (5 x 2 pts. each = 10 pts.)

Hola Papá y Mamá,

¿Cómo están? Yo estoy muy bien. Ahora son las tres y media de la tarde y mi clase de español es a las cuatro de la tarde. Mi profesor de español es de Ecuador y se llama Manuel Benito. Hay veintidós estudiantes en la clase, diez chicos y doce chicas. Hay dos chicos que son de Santa Fe. Ellos son muy simpáticos (*nice*). Me gusta (*I like*) la clase, pero hay un problema: en la clase no hay diccionarios y hay muchas palabras nuevas (*new*) en la lección. Todos los días en el autobús hay una chica. Ella se llama Paloma, es de México y me presenta a sus amigos.

Y ustedes ¿cómo están? ¡Nos vemos pronto! Saludos a Susana.

Con cariño,
Ricardo

1. ¿A qué horas es la clase de español?
   _____

2. ¿De dónde es el profesor de español?
   _____

3. ¿Cuántas chicas hay en la clase?
   _____

4. ¿Cuántos chicos son de Santa Fe?
   _____

5. ¿De dónde es Paloma?
   _____

Exams

3 La clase Look at the picture and answer the questions with complete sentences. (5 x 2 pts. each = 10 pts.)

    1. ¿Cuántas computadoras hay?

    _____

    2. ¿Dónde están las mochilas?

    _____

    3. ¿Qué hora es?

    _____

    4. ¿Cuántos cuadernos hay?

    _____

    5. ¿Cuántos relojes hay?

    _____

4 En el parque While Lola is shopping, Estefanía and Álvaro are sitting on a park bench at sunset. Fill in the blanks in their conversation with verb **tener** and a word from the box, without repeating any words. (5 x 1 pt. each = 5 pts.)

años	**frío**	**hambre**	**razón**	**sueño**
calor	**ganas**	**miedo**	**sed**	**suerte**

ESTEFANÍA Álvaro, ¿puedes venir conmigo al hotel? (1) _____ y necesito una chaqueta (*jacket*).

ÁLVARO ¿Puedes ir tú sola (*alone*)? Estoy cansado y no (2) _____ de caminar.

ESTEFANÍA No, no quiero ir sola. No hay mucha gente por la calle (*street*) y (3) _____.

ÁLVARO Está bien. (4) _____, no debes caminar sola por la noche. Podemos ir al hotel y comer algo allí. ¿No (5) _____? Yo sí.

ESTEFANÍA Sí, yo también. Buena idea.

Lecciones 1–3 Exam B

Exams

5 Verbos en contexto Fill in each blank with the present tense of the appropriate Spanish verb. (5 x 2 pts. each = 10 pts.)

Querida Francisca:

Yo (1) _____ (*to be*) de los Estados Unidos y (2) _____ (*to study*) en una escuela en Washigton, DC. Me gusta mucho la clase de historia. ¿Qué clases (3) _____ (*to take*) tú? Yo (4) _____ (*to need*) llegar a la escuela a las siete y media de la mañana. ¿A qué hora (5) _____ (*to arrive*) tú a la escuela? Mis amigos y yo (6) _____ (*to eat breakfast*) en la cafetería todos los días. Nosotros siempre (7) _____ (*to drink*) un café. Por la tarde (*in the afternoon*), yo (8) _____ (*to rest*) mientras (*while*) (9) _____ (*to listen*) música. ¿Te gusta escuchar música? Yo (10) _____(*to wish*) saber (*to know*) más de tu vida (*life*).

Hasta pronto,

Amy

6 Oraciones Write complete sentences with the information provided. Write numbers as words. (5 x 2 pt. each = 10 pts.)

1. yo / ver / partido de baloncesto / televisión / 7:45 p.m.

   _____

2. nosotros / jugar / vóleibol / martes / y / jueves

   _____

3. María y su hermana / ir a / cenar / restaurante / centro

   _____

4. la biblioteca / cerrar / 7:30 p.m.

   _____

5. ellos / dormir / 8 horas / todos los días

   _____

7 Preguntas Answer these questions with complete sentences. (5 x 2 pts. each = 10 pts.)

1. ¿De dónde eres?

   _____

2. ¿Qué tiempo hace hoy?

   _____

3. ¿Cuál es tu película favorita?

   _____

4. ¿Cómo se llaman tus padres?

   _____

5. ¿Cuáles son los pasatiempos favoritos de tu mejor amigo/a?

   _____

Exams

8 Opuestos Match each item with its opposite. (5 x 2 pts. each = 10 pts.)

a. antipático   ____ feo
b. bajo   ____ joven
c. bonito   ____ inteligente
d. difícil   ____ simpático
e. gordo   ____ bueno
f. malo   ____ rubio
g. moreno   ____ delgado
h. pequeño   ____ fácil
i. tonto   ____ alto
j. viejo   ____ grande

9 Tu familia Pick a family member and write about him or her. Be sure to cover the topics below.
(6 pts. for vocabulary + 6 pts. for grammar + 3 pt. for style and creativity = 15 pts.)

- What is his or her name?
- What is your relationship with him or her?
- Where does he or she live?
- What is he or she like?
- What does he or she like to do in his or her free time?

_____

_____

_____

_____

_____

_____

_____

_____

_____

_____

_____

_____

_____

_____

_____

_____

_____

_____

_____

Exams

10 Lectura Read this personal ads and then indicate whether the statements correspond to **Eugenio, Amanda, los dos** (*both*), or **ninguno** (*neither*). (5 x 2 pts. each = 10 pts.)

> Hola, me llamo Eugenio. Soy de Venezuela y busco amigos y amigas de otros (*other*) países. No soy muy alto, pero soy guapo y muy simpático. Soy ingeniero y los fines de semana me gusta mucho cantar. Mi hermana, su novio y yo tenemos un grupo musical que se llama Futuro Perfecto. Ahora no tengo novia.

> ¿Qué tal? Me llamo Amanda, soy puertorriqueña y tengo veintitrés años. Soy alta, delgada y simpática. Mi novio ideal es rubio, inteligente y muy trabajador. Mi padre es artista y yo trabajo con él. Tengo dos hermanos y los tres lo compartimos todo y hacemos muchas cosas juntos (*together*). La familia es muy importante para mí, por eso deseo tener dos o tres hijos con mi futuro esposo.

1. _____ Está casado/a.

2. _____ Tiene una hermana.

3. _____ Desea tener hijos.

4. _____ Es alto/a.

5. _____ Es simpático/a.

Examen A

Lecciones 4–6

1 Escuchar Read these statements. Then listen to the recommendations that a guide is giving to a group of tourists and select the option that best completes each statement. (5 × 2 pts. each = 10 pts.)

1. Al llegar a la Ciudad de México, los turistas _____.

   a. pueden descansar   b. tienen que ir a pasear   c. tienen que salir a comer

2. Esta noche van a _____.

   a. ir a un restaurante   b. comprar ropa   c. pasear por la ciudad

3. Por las noches, _____.

   a. tienen cuidado   b. salen mucho   c. hace más frío

4. El número de teléfono del hotel es el _____.

   a. 57-38-67   b. 23-17-89   c. 22-37-89

5. En el mercado al aire libre van a poder comprar cosas _____.

   a. a precios muy altos   b. a precios muy baratos   c. muy buenas

2 ¿Qué hacemos hoy? Hernán, Laura, and Silvia are deciding what they are going to do on their first day of vacation in Spain. Write what they plan to do, using at least six verbs from the list and the vocabulary from Lessons 1 to 6. (3 pts. for vocabulary + 3 pts. for grammar + 1 pt. for style and creativity = 7 pts.)

comprar	decidir	gastar	llegar	preferir	salir
deber	desear	jugar	llover	saber	tener suerte

_____

_____

_____

_____

_____

_____

_____

_____

_____

Lecciones 4–6 Examen A

Exams

3 **De compras** Hernán is going to buy souvenirs, and he is thinking aloud about what he will buy for certain people. Match each gift to one of the people mentioned to form five complete sentences, using indirect object pronouns. Remember, Hernán is thinking out loud, so you should use the first person singular of the verb. (5 × 2 pts. each = 10 pts.)

modelo

para su primo

Le voy a comprar unos pantalones cortos a mi primo.

1.   2.   3.   4.   5.

para sus hermanas   **para sí mismo** (*himself*)   **para su novia**
para su amigo   **para su padre**

1. _____

2. _____

3. _____

4. _____

5. _____

4 **De paseo** While Hernán shops, Laura and Silvia are walking around the city. Fill in the blanks in their conversation with the verb **tener** and the words from the list. (5 × 1 pt. each = 5 pts.)

años	**frío**	**hambre**	**razón**	**sueño**
calor	**ganas**	**miedo**	**sed**	**suerte**

SILVIA   ¿(1) _____? Yo ya quiero comer.

LAURA   No, ahora no. Podemos comer un poco más tarde. Pero (2) _____ de

tomar un café. Ayer por la noche no descansé bien, y ahora (3) _____.

SILVIA   Bueno, vamos a buscar un café. Espera un momento, voy a quitarme el suéter porque

(4) _____.

LAURA   Sí, es verdad. ¡Qué calor hace! ¿Por qué no vamos con Hernán al centro comercial? Hace demasiado

calor para estar en la calle.

SILVIA   (5) _____, vamos al centro comercial.

5 **Un mensaje** It's raining and Silvia, Hernán, and Laura can't go to the beach. Silvia is writing an e-mail to her friend Francisco. Fill in the blanks with **ser** or **estar**. (10 × 1 pt. each = 10 pts.)

Hola, Francisco:

Te escribo ahora porque hoy (1) _____ lloviendo y nosotros no vamos a ir a la playa. El

hotel (2) _____ en un lugar maravilloso cerca del mar, pero tenemos muy mala suerte

porque llueve casi todos los días. Para colmo (*to top it all*), yo (3) _____ enferma desde el

lunes pasado. ¡Este viaje (4) _____ muy aburrido! Nosotros (5) _____ muy

cansados de todo esto, pero ya no podemos cambiar los pasajes.

Ah, y ¿recuerdas a Emilia? La visitamos ayer. Ella (6) _____ trabajando y estudiando aquí.

Ahora, ella (7) _____ muy enamorada. Su nuevo novio también (8) _____

muy trabajador. Él (9) _____ programador. Pero bueno... no hablo más de Emilia. Y tú,

¿cómo (10) _____?

Espero tu respuesta,

Silvia

6 **El dinero** Fill in the blanks with the preterite of the verb in parentheses. (5 × 1 pt. each = 5 pts.)

SILVIA   ¿(1) _____ (*to see*) ayer a Laura?

HERNÁN   No. Ayer (2) _____ (*to begin*) a trabajar por las noches. Necesito dinero con

urgencia. (3) _____ (*to spend*) demasiado dinero durante las vacaciones y

ahora tengo problemas para pagar la tarjeta de crédito.

SILVIA   Pero, hombre, ¿no te (4) _____ (*to lend*) dinero tus padres?

HERNÁN   Sí, pero ayer me (5) _____ (*to buy*) una bicicleta.

7 **Preguntas** Answer these questions with Spanish sentences. (5 × 2 pts. each = 10 pts.)

1. ¿Qué vas a hacer en las próximas vacaciones? _____

_____

2. ¿Qué ropa llevas? _____

_____

3. ¿Conoces a alguna persona famosa? ¿Quién es? _____

_____

4. ¿Qué materias estás estudiando este año? _____

_____

5. ¿Cuándo empezaste a estudiar español? _____

_____

Exams

8 **Los pasatiempos** Use the present progressive and describe what the people in the pictures are doing.
(5 × 2 pts. each = 10 pts.)

1.

   Rafael

   _____

   _____

   _____

2.

   Paola

   _____

   _____

   _____

3.

   el Sr. Barrera

   _____

   _____

   _____

4.

   Elena

   _____

   _____

   _____

5.

   Francisco y José

   _____

   _____

   _____

Lecciones 4–6 Examen A

Exams

9 **Tu familia** Pick a family member and write about him or her. Be sure to cover the topics below. (3 pts. for vocabulary + 3 pts. for grammar + 1 pt. for style and creativity = 7 pts.)

- What is his or her name?
- What is your relationship with him or her?
- Where does he or she live?

- What is he or she like?
- What does he or she like to do in his or her free time?

_____

_____

_____

_____

_____

_____

_____

_____

_____

_____

Exams

         Lecciones 4–6 Examen A

10 **Lectura** Read this pamphlet and answer the questions. When answering with numbers, write the numbers as words. (5 × 2 pts. each = 10 pts.)

¡La agencia de viajes La Estación te ofrece viajes maravillosos!

Si haces una reservación en el hotel Mar Azul antes del 15 de marzo, el pasaje de avión ES GRATIS [1].

HOTEL MAR AZUL

El viajero puede descansar en la tranquilidad del hotel Mar Azul. La arquitectura blanca de los pueblos se ve desde las ventanas de todas las habitaciones. Tiene grandes zonas de parques.

¿Dónde está?

Al lado de la playa, a 60 km de la ciudad. Acceso fácil al aeropuerto.

¿Cuántas habitaciones tiene?

Tiene 2 suites, 23 habitaciones dobles y 15 habitaciones individuales.

¿Dónde comer?

El hotel tiene 3 restaurantes. También puedes comer en el bar de la piscina.

¿Qué hay?

Piscina, sauna y gimnasio en el mismo hotel. Excursiones para visitar el parque nacional; también excursiones para conocer las playas de los pueblos vecinos[2].

Tipo de habitación y precio

habitación individual: $180 por noche

habitación doble: $210 por noche

suite: $320 por noche

Aceptamos todas las tarjetas de crédito. Para hacer reservaciones o si quieres más información, puedes llamar al teléfono 345-18-47.

[1]*free* [2]*neighboring*

1. ¿Cómo se llama el hotel? _____

   _____

2. ¿Cuál es el número de teléfono del hotel? _____

   _____

3. ¿Qué actividades hay en el hotel? _____

   _____

4. ¿Por qué no necesitas dinero en efectivo en el hotel Mar Azul? _____

   _____

5. ¿Te gusta este hotel? ¿Por qué? _____

   _____

Exams

11 **Vacaciones** Write a paragraph with at least six sentences that describes your most recent vacation. Use the preterite tense and vocabulary from Lessons 1 to 6. (6 pts. for vocabulary + 6 pts. for grammar + 4 pts. for style and creativity = 16 pts.)

_____

_____

_____

_____

_____

_____

_____

_____

_____

_____

_____

_____

_____

_____

_____

_____

_____

_____

_____

_____

_____

_____

_____

Exams

Examen B   Lecciones 4–6

1 **Escuchar** Read these statements. Then listen to the recommendations that a guide is giving to a group of tourists and select the option that best completes each statement. (5 × 2 pts. each = 10 pts.)

1. Los turistas tienen unas horas para _____.

   a. visitar la ciudad   b. descansar en sus habitaciones   c. sacar fotos

2. Por la tarde van a _____.

   a. visitar monumentos   b. salir sin el grupo   c. pasear por la ciudad

3. Por la noche el grupo va a _____.

   a. comer en un restaurante b. tener cuidado con el frío   c. quedarse en el hotel

4. El número de teléfono del hotel es el _____.

   a. 57-38-67   b. 23-17-89   c. 53-32-13

5. Por el frío, el guía les recomienda llevar _____.

   a. unos pantalones y un abrigo   b. una chaqueta o un suéter   c. una chaqueta o un abrigo

2 **¿Qué hacemos hoy?** Lola, Estefanía, and Álvaro are deciding what they are going to do on their first day of vacation in Spain. Write what they plan to do, using at least six verbs from the list and the vocabulary from Lessons 1 to 6. (3 pts. for vocabulary + 3 pts. for grammar + 1 pt. for style and creativity = 7 pts.)

almorzar	conocer	empezar	llevar	preferir	regresar
buscar	descansar	leer	nadar	querer	viajar

_____

_____

_____

_____

_____

_____

_____

_____

_____

_____

Exams

3 **Comprando regalos** Lola is going to buy souvenirs in Barcelona, and she is thinking aloud about what she will buy for certain people. Match each gift to one of the people mentioned and write five sentences using indirect object pronouns. Remember, Lola is thinking out loud, so you should use the first person singular of the verb. (5 × 2 pts. each = 10 pts.)

modelo

para su amiga

Le voy a comprar unos pantalones cortos a mi amiga.

    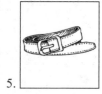

1.   2.   3.   4.   5.

para sus hermanas   **para su novio**   **para su madre**

para sí misma (*herself*)   **para su padre**

1. _____

2. _____

3. _____

4. _____

5. _____

4 **En el parque** While Lola is shopping, Estefanía and Álvaro are sitting on a park bench at sunset. Fill in the blanks in their conversation with verb **tener** and a word from the list, without repeating any words. (5 × 1 pt. each = 5 pts.)

años	frío	hambre	razón	sueño
calor	ganas	miedo	sed	suerte

ESTEFANÍA   Álvaro, ¿puedes venir conmigo al hotel? (1) _____ y necesito

una chaqueta.

ÁLVARO   ¿Puedes ir tú sola (*alone*)? Estoy cansado y no (2) _____ de caminar.

ESTEFANÍA   No, no quiero ir sola. No hay mucha gente por la calle y (3) _____.

ÁLVARO   Está bien. (4) _____, no debes caminar sola por la noche. Podemos ir al

hotel y comer algo allí. ¿No (5) _____? Yo sí.

ESTEFANÍA   Sí, yo también. Buena idea.

Exams

5 **Un mensaje** It's raining and Lola, Estefanía, and Álvaro can't go to the beach. Álvaro is writing an e-mail to his roommates, Marco and Joe. Fill in the blanks with **ser** or **estar**. (10 × 1 pt. each = 10 pts.)

Hola, Marco y Joe:

¿Cómo (1) _____? Les escribo ahora porque hoy (2) _____ lloviendo,

y no vamos a ir a la playa. El hotel (3) _____ muy bonito y (4) _____

en un lugar muy tranquilo. Los tres (5) _____ muy contentos aquí. Vamos a la playa

todos los días y después salimos a bailar o a tomar algo. Sólo volvemos al hotel cuando

(6) _____ muy cansados. El fin de semana que viene, Estefanía quiere visitar a su

primo. Él (7) _____ periodista, pero ahora (8) _____ escribiendo una

novela y su casa (9) _____ en un pueblo pequeño en las montañas. Vamos a ir todos a

visitarlo y creo que va a (10) _____ muy interesante.

Otro día les escribo más. Hasta pronto,

Álvaro

6 **El dinero** Fill in the blanks with the preterite of the verb in parentheses. (5 × 1 pt. each = 5 pts.)

LOLA   ¿(1) _____ (*to go out*) ayer con Álvaro?

ESTEFANÍA No. Ayer él (2) _____ (*to work*). Tiene un nuevo trabajo por las noches en

un restaurante. (3) _____ (*to spend*) demasiado dinero durante las

vacaciones y ahora necesita dinero para pagar sus tarjetas de crédito.

LOLA   Pero, ¿no le (4) _____ (*to pay*) el viaje sus padres?

ESTEFANÍA Sí, pero también (5) _____ (*to buy*) muchos regalos.

7 **Preguntas** Answer these questions with Spanish sentences. (5 × 2 pts. each = 10 pts.)

1. ¿Cómo son tus vacaciones ideales (*ideal*)? _____

_____

2. ¿Qué ropa llevaste ayer? _____

_____

3. ¿Cómo eres? _____

_____

4. ¿Cuál es tu horario de clases este año? _____

_____

5. ¿Sabes hablar otras lenguas extranjeras? ¿Cuáles? _____

_____

Lecciones 4–6 Examen B

8 **Los pasatiempos** Use the present progressive and describe what the people in the picture are doing.
   (5 × 2 pts. each = 10 pts.)

1. _____
   _____
   _____

2. _____
   _____
   _____

3. _____
   _____
   _____

4. _____
   _____
   _____

5. _____
   _____

Lecciones 4–6 Examen B

Exams

9 **Tu familia** Pick a family member and write about him or her. Be sure to cover the topics below. (3 pts. for vocabulary + 3 pts. for grammar + 1 pt. for style and creativity = 7 pts.)

- What is his or her name?
- What is your relationship with him or her?
- What does he or she do?
- What is he or she like?
- What does he or she like to do in his or her free time?

_____

_____

_____

_____

_____

_____

_____

_____

_____

_____

Exams

10 **Lectura** Read this pamphlet and answer the questions. When answering with numbers, write the numbers as words. (5 × 2 pts. each = 10 pts.)

¡La agencia de viajes Costa del Sol le ofrece los viajes más maravillosos!

Si hace una reservación en el hotel Mar Meliá antes del 15 de abril, el pasaje de avión ES GRATIS [1]

HOTEL MAR MELIÁ

Nuestros huéspedes pueden descansar en la tranquilidad del hotel Mar Meliá y ver desde sus habitaciones el bello paisaje del mar Mediterráneo. Además, el hotel tiene piscina y grandes espacios[2] verdes para tomar el sol.

¿Dónde está?

Al lado de la playa, a 30 km de la ciudad y a 25 km de las montañas.

¿Cuántas habitaciones tiene?

Tiene 3 suites, 34 habitaciones dobles y 13 habitaciones individuales.

¿Dónde comer?

El hotel tiene 2 restaurantes. Nuestros huéspedes tambien pueden comer en el bar de la piscina.

¿Qué hay?

Piscina, sauna y gimnasio en el mismo hotel. Excursiones para visitar las montañas; también excursiones para conocer los pueblos pesqueros[3] de la región.

Tipo de habitación y precio

habitación individual: $195 por noche

habitación doble: $243 por noche

suite: $311 por noche

Aceptamos todas las tarjetas de crédito. Para hacer reservaciones o si desea más información, puede llamar al teléfono 642-81-34.

[1]free [2]spaces [3]fishing

1. ¿Cuántas habitaciones para una persona hay en el hotel? ¿Cuánto cuestan? _____

   _____

2. ¿Dónde pueden nadar los huéspedes del hotel? _____

   _____

3. ¿Cómo pueden ir a las montañas? _____

   _____

4. ¿Por qué no necesitas dinero en efectivo en el hotel Mar Meliá? _____

   _____

5. ¿Te gusta este hotel? ¿Por qué? _____

   _____

Exams

11 **Un fin de semana largo** Write a paragraph with at least six sentences that describes your most recent long weekend. Use the preterite tense and vocabulary from Lessons 1 to 6. (6 pts. for vocabulary + 6 pts. for grammar + 4 pts. for style and creativity = 16 pts.)

_____

_____

_____

_____

_____

_____

_____

_____

_____

_____

_____

_____

_____

_____

_____

_____

_____

_____

_____

_____

_____

_____

_____

Lecciones 4–6 Examen B

Exams

TEST AUDIO SCRIPTS

TEST A

Hola Marisa. Soy Jaime, el conductor del autobús. ¿Cómo estás? Yo estoy regular. Oye, hay un problema. Hay tres maletas y un libro en el autobús. Las maletas son de los pasajeros de Costa Rica. Pero ¿de quién es el libro? Son las diez de la mañana y mi número de teléfono es el 24-30-12. Muchas gracias.

TEST B

Hola, Carmen. Soy don Fernando, el conductor del autobús. ¿Cómo estás? Yo estoy bien. Oye, hay un problema. Hay dos maletas y tres libros en el autobús. Las maletas son de los turistas de Argentina. Pero ¿de quién son los libros? Son las doce del mediodía y el número de teléfono es el 25-13-07. Perdón y gracias.

TEST C	TEST D
1. ¿Cómo te llamas?	1. ¿Qué tal?
2. ¿Cómo estás?	2. ¿Qué hora es?
3. ¿De dónde eres?	3. ¿Cómo se llama tu profesor(a) de español?
4. ¿A qué hora es la clase de español?	4. ¿Cuántas chicas hay en la clase?
5. ¿Cuántos profesores hay en la clase?	5. ¿Hay chicos en la clase?

TEST E

Buenos días, profesor Martínez. ¿Cómo está? Soy Mauricio Valdivia. Hay cuatro videos, unos cuadernos y un diccionario en el laboratorio. Los cuadernos son de los estudiantes, pero ¿de quién son los videos y el diccionario? Son las nueve y cuarto de la mañana. Estoy en la escuela hasta las cinco y media, y mañana de diez de la mañana a tres de la tarde. Gracias.

TEST F

Buenos días, profesor Pérez. ¿Cómo está? Soy Juan López. Hay tres mapas, unos cuadernos y dos diccionarios en el laboratorio. Los cuadernos son de los estudiantes, pero ¿de quién son los mapas y los diccionarios? Son las diez de la mañana. Estoy en la escuela hasta las seis y media, y mañana de diez de la mañana a dos y media de la tarde. Gracias.

Lección 2

TEST A

Buenos días. Me llamo Enrique Sánchez y soy el profesor de química. Ahora deseo hablar sobre el curso. A ver, la clase es los lunes, miércoles y viernes de diez a once de la mañana. Necesitan preparar la tarea todos los días y estudiar mucho para la clase. También necesitan practicar todos los lunes en el laboratorio. El laboratorio está cerca de la biblioteca. Bueno, ¿desean preguntar algo?

TEST B

Buenas tardes, soy la profesora Molina. Enseño biología y soy la profesora este año. Ahora deseo hablar sobre el curso. A ver, la clase es los martes y los jueves de doce a una de la tarde. Necesitan preparar la tarea todos los días y estudiar mucho para esta clase. También necesitan practicar todos los miércoles en el laboratorio. El laboratorio está cerca de la cafetería. Bueno, ¿desean preguntar algo?

Lecciones 1–2 Test Audio Scripts

TEST C

1. ¿Qué día es hoy?
2. ¿Trabajas los sábados?
3. ¿Practicas mucho el español?
4. ¿Te gusta la clase de español?
5. ¿A qué hora termina la clase de español?

TEST D

1. ¿Qué clases tomas este semestre?
2. ¿Qué días es tu clase de español?
3. ¿Estudias en la biblioteca?
4. ¿A qué hora llegas a casa los lunes?
5. ¿Qué días descansas?

TEST E

Buenos días, me llamo Ernesto Sánchez. Soy el profesor de matemáticas. El horario del curso está en la pizarra. Hay clase tres días a la semana. Los lunes y los miércoles, la clase es de ocho a nueve de la mañana. Los viernes, la clase es de diez a once de la mañana. Para esta clase necesitan el libro del curso, papel y pluma.

TEST F

Buenos días. Me llamo Enrique Merino. Soy el profesor de química. El horario del curso está en la pizarra. Hay clase cuatro días a la semana. Los lunes y los jueves, la clase es de ocho a nueve de la mañana. Los martes y los viernes, la clase es de nueve a diez de la mañana. Para esta clase necesitan una calculadora, papel y pluma.

Lección 3

TEST A

Esteban es de México y vive en Ecuador. Tiene treinta años y es muy inteligente. Estudia química en la universidad y por las tardes trabaja como programador. Tiene que trabajar mucho todos los días. Cuando termina de trabajar, asiste a sus clases. Su novia se llama Matilde y tiene veinticuatro años. Ella comprende que Esteban tiene que estudiar mucho porque ella también es muy trabajadora. Esteban y Matilde descansan los sábados y los domingos.

TEST B

Manuela es estudiante de matemáticas en la universidad. Es de España y tiene veinticinco años. Manuela trabaja en la biblioteca por las tardes y por eso no tiene mucho tiempo para salir con sus amigos. Su hermana se llama Tina y es una chica muy simpática. Por las mañanas, Tina asiste a la escuela y por las tardes trabaja en un café. Manuela y Tina son muy buenas amigas y asisten a clase de yoga los sábados.

TEST C

1. ¿Dónde vives?
2. ¿Cuántos años tienes?
3. ¿Te gusta leer el periódico?
4. ¿Qué lenguas extranjeras comprendes?
5. ¿Tienes ganas de aprender español este semestre?

TEST D

1. ¿Cómo eres?
2. ¿Cuántos hermanos o hermanas tienes?
3. ¿Qué debes preparar esta tarde?
4. ¿Qué aprendes en la clase de español?
5. ¿Qué profesión te gusta?

TEST E

Hola, amigas:

Me llamo Víctor Miguel. Tengo veintidós años y soy ecuatoriano. Por las mañanas estudio medicina en la universidad y por las tardes trabajo en una librería. Mi padre es médico y mi madre es artista. Tengo un hermano menor. Él también es estudiante. Soy alto, moreno y muy, muy guapo. Mi novia ideal debe ser una muchacha bonita, simpática e inteligente, y debe tener entre veinte y veinticuatro años.

Saludos, muchachas.

TEST F

Hola, amigos:

Me llamo Ana Isabel. Tengo veintitrés años y soy estadounidense. Por las mañanas estudio periodismo en la universidad y por las tardes trabajo en una biblioteca. Mi padre es programador y mi madre es doctora. Tengo un hermano mayor. Él también es estudiante. Soy alta, pelirroja y muy simpática. Mi novio ideal debe ser un muchacho guapo, inteligente y bueno, y debe tener entre veintidós y veinticinco años. Saludos, muchachos.

Lección 4

TEST A

¿Le gusta practicar deportes? El lugar que necesita es el Club Cosmos, en el centro de la ciudad. Tenemos actividades para los aficionados a todos los deportes: puede jugar al golf, practicar la natación y jugar al tenis. También hay una piscina, dos gimnasios y una cafetería donde usted puede pasar sus ratos libres. Si quiere más información, puede venir al club. Cerramos a las doce de la noche.

TEST B

¿Desea pasar más tiempo con su familia? ¿Les gusta practicar deportes o pasear en bicicleta? El lugar que usted y su familia necesitan es el Club Excursionista. Pueden pasar un fin de semana en las montañas. Tenemos diversiones para toda la familia. En el Club Excursionista hay dos piscinas, dos gimnasios y un restaurante. Cerca del club hay un parque donde pueden pasear en bicicleta y caminar. Si quiere más información, puede escribir un mensaje electrónico.

TEST C
1. ¿Qué vas a hacer mañana?
2. ¿Dónde piensas comer hoy?
3. ¿Qué vas a hacer este fin de semana?
4. ¿Cuál es tu película favorita?
5. ¿Te gusta practicar deportes?

TEST D
1. ¿Qué vas a hacer esta noche?
2. ¿Qué piensas comer hoy?
3. ¿Sales los fines de semana?
4. ¿A qué hora empieza la clase de español?
5. ¿Qué te gusta hacer los fines de semana?

TEST E

¿Te gustan los deportes? Entonces tienes que venir al gimnasio Tarzán. Tenemos todo lo que necesitas para practicar tu deporte favorito. En el gimnasio Tarzán tenemos clases de baloncesto, natación y muchos deportes más. El gimnasio abre cada día a las seis de la mañana y cierra a las diez de la noche. Las clases empiezan a las diez de la mañana. Los domingos no hay clases. ¡Y si vienes hoy, te damos una pelota de fútbol!

TEST F

¿Te gustan los deportes? Entonces tienes que venir al gimnasio Sansón. Tenemos todo lo que necesitas para practicar tu deporte favorito. En el gimnasio Sansón tenemos clases de fútbol americano, tenis y muchos deportes más. El gimnasio abre cada día a las siete de la mañana y cierra a las nueve de la noche. Las clases empiezan a las nueve de la mañana. Los domingos no hay clases. ¡Y si vienes hoy, te damos una pelota de baloncesto!

 Lecciones 3–4 Test Audio Scripts

TEST A

Si deseas ir de vacaciones a Puerto Rico este verano, tu agencia de viajes es la Agencia Sol y Playa. En nuestra agencia puedes conseguir las vacaciones que necesitas. ¿Tienes pocos días de vacaciones? Puedes pasar un fin de semana en San Juan de Puerto Rico. En nuestra agencia tenemos pasajes de ida y vuelta. ¿Quieres un mes de vacaciones? Puedes conseguir unas magníficas vacaciones en barco, visitando las magníficas playas del mar Caribe. Si te gusta la naturaleza, puedes acampar dos semanas en la playa Boquerón. La Agencia Sol y Playa es para ti; ¡Puerto Rico te espera!

TEST B

Si deseas ir de vacaciones a Puerto Rico, tu agencia de viajes es la Agencia El Gran Sol. En nuestra agencia puedes conseguir las vacaciones que necesitas. ¿Tienes pocos días de vacaciones? Puedes pasar un fin de semana paseando por San Juan de Puerto Rico. En nuestra agencia vendemos un pasaje de ida y vuelta con habitación de hotel y excursiones a museos y lugares históricos. ¿Quieres dos semanas de vacaciones? Puedes conseguir unas fabulosas vacaciones acampando en la playa Boquerón y viendo los bonitos paisajes de la isla. La Agencia El Gran Sol es para ti; ¡Puerto Rico te espera!

TEST C
1. ¿Cuál es la fecha de hoy?
2. ¿Qué tiempo hace hoy?
3. ¿Qué quieres hacer en las vacaciones?
4. ¿Qué prefieres: viajar en avión o viajar en tren?
5. ¿Cómo estás hoy?

TEST D
1. ¿En qué estación del año estamos?
2. ¿Qué te gusta hacer cuando llueve?
3. ¿Cómo son tus vacaciones ideales?
4. Para tus vacaciones, ¿prefieres dormir en un hotel o acampar? ¿Por qué?
5. ¿Qué estás haciendo ahora mismo?

TEST E

Isla del Sol es un lugar excelente para ir de vacaciones. Sus playas son muy limpias. En verano hace calor y en invierno ¡también! En Isla del Sol hay un hotel excelente. Se llama Solimar. En la planta baja de Solimar puedes jugar cartas y videojuegos. Algunas actividades que ofrece el hotel son montar a caballo por la playa y hacer windsurf. En su sitio web, puedes hacer reservaciones y comprar los boletos de autobús del aeropuerto al hotel. ¡Es un lugar fantástico!

TEST F

Vieques es un lugar excelente para ir de vacaciones este verano. Sus playas son hermosas y limpias. En invierno hace fresco y en verano hace mucho calor. En Vieques hay un hotel excelente. Se llama Viequemar. En Viequemar puedes montar a caballo por la playa, bucear y hacer windsurf. En su sitio web, puedes hacer reservaciones y comprar los boletos de barco o avión. ¡Es un lugar fantástico!

TEST A

Bienvenidos al almacén El Caribe. En nuestras exclusivas tiendas de moda van a encontrar toda la ropa que ustedes necesitan para esta primavera. No tienen que gastar mucho dinero porque nuestros clientes siempre consiguen las mejores rebajas. En la tienda para niños, venden pantalones de todos los colores y camisetas a precios baratos. También tienen vestidos para niñas con bonitos diseños en color rosado. En la tienda para hombres, tienen chaquetas y pantalones que se pueden usar todo el año. También hay corbatas, zapatos y cinturones que hacen juego con toda su ropa. En la tienda de señoras, pueden comprar los vestidos más elegantes con guantes del mismo color.

TEST B

Bienvenidos al centro comercial El Prado. En nuestras exclusivas tiendas van a encontrar toda la ropa que necesitan para este invierno y pueden ir a la moda a precios de ganga. En la tienda para niños Globos, vendemos pantalones y camisetas a precios baratos y vestidos de bonitos diseños para niñas. También tenemos abrigos de todos los colores para los días de frío. En la tienda de señoras Detalles, pueden comprar los vestidos más elegantes y las más hermosas sandalias. También hay medias, sombreros y guantes que hacen juego con todo. En la tienda para hombres Modas Martino, tenemos chaquetas, pantalones y suéteres con los colores de moda. También hay una excelente rebaja en cinturones y corbatas.

TEST C
1. ¿A qué hora llegaste ayer a tu casa?
2. ¿Te prestan dinero tus amigos?
3. ¿En qué año empezaste a estudiar en la escuela?
4. ¿Qué ropa llevas ahora?
5. ¿Dónde comiste ayer?

TEST D
1. ¿Sabes hablar francés?
2. ¿Te compra ropa tu familia?
3. ¿Cuándo empezaste a estudiar en la escuela?
4. ¿Qué ropa te gusta llevar en verano?
5. ¿Dónde gastaste diez dólares la semana pasada?

TEST E

El almacén Toda Ropa abre sus puertas este fin de semana. Toda Ropa ofrece ropa para hombre y para mujer. Tenemos bluejeans, camisas, chaquetas, camisetas y muchas cosas más. Toda Ropa tiene muchos colores y tallas. Los precios son muy bajos y la ropa es hermosa y elegante. Usted puede pagar con tarjeta de crédito o en efectivo, pero no puede regatear, por favor. Nuestros vendedores están aquí para vender ropa buena, bonita y barata.

TEST F

El almacén Buena Pinta abre sus puertas este lunes. Estamos en el centro comercial San Juan. La entrada está frente al parque. En el almacén tenemos ropa para hombre y para mujer. Tenemos bluejeans y una gran colección de zapatos, carteras, corbatas y mucho más. Nuestros precios son baratos y nuestra ropa es buena y elegante. Usted puede pagar con tarjeta de crédito o en efectivo. Los vendedores le pueden dar más información.

EXAM A and EXAM B

NADIA Hola, buenas tardes; con permiso. Yo soy Nadia, una estudiante de su clase. ¿Cómo está usted?

PROFESORA ROMERO Hola, bien gracias. Yo soy la profesora Romero. ¡Mucho gusto!

NADIA ¡Encantada, profesora!

PROFESORA ROMERO ¿De dónde eres, Nadia?

NADIA Soy de Costa Rica. ¿Y usted?

PROFESORA ROMERO De México.

NADIA ¿A qué hora es la clase?

PROFESORA ROMERO Es a la una y media de la tarde.

NADIA ¿Y cuántos estudiantes hay?

PROFESORA ROMERO Hay veintitrés: trece chicas y diez chicos.

NADIA ¿Hay computadoras en la clase?

PROFESORA ROMERO Sí, hay quince.

NADIA Bueno… nos vemos mañana en la clase

PROFESORA ROMERO ¡Hasta mañana!

Lecciones 4–6

EXAM A

Bueno, amigos, ya estamos en la Ciudad de México. Ahora pueden descansar unas horas en sus habitaciones. Esta noche vamos a ir a pasear por la ciudad. Por las noches normalmente hace más fresco, por eso deben llevar ropa adecuada para el frío. Pueden traer una chaqueta o un suéter. Si quieren salir sin el grupo, deben tener cuidado. Tienen que tener siempre un mapa y el número de teléfono del hotel. El número de teléfono es el 22-37-89. Mañana por la mañana tenemos que salir temprano para ir al mercado al aire libre; no está muy lejos de aquí. Es un mercado maravilloso donde van a poder comprar todo a precios muy baratos. Bueno, esto es todo. Nos vemos más tarde.

EXAM B

Bueno, amigos, ya estamos en la Ciudad de México. Ahora tienen unas horas para descansar en sus habitaciones. Esta tarde vamos a ir a visitar los monumentos más importantes. Por la noche, todos vamos a ir al centro a un restaurante muy bueno. Deben llevar ropa adecuada para el frío, como una chaqueta o un suéter, pues en la Ciudad de México siempre hace fresco por las noches. Si quieren salir sin el grupo, deben tener cuidado. Deben llevar siempre un mapa y el número de teléfono del hotel. El número de teléfono es el 53-32-13. Por la mañana tenemos que salir del hotel a las nueve. Vamos a ir al Museo de Arte Diego Rivera. Y bueno, eso es todo. Nos vemos más tarde.

Fotonovela Video Test Items   Lección 1

1 **¿De dónde son?** Write where the characters are from using complete sentences.

1. **MARISSA**

_____
_____
_____

2. **SRA. DÍAZ**

_____
_____

3. **SR. DÍAZ**

_____
_____

4. **JIMENA Y FELIPE**

_____
_____

Fotonovela Video Test Items   Lección 2

1 **Las materias** Write at least two sentences about each of the characters using words from the list.

administración	ciencias ambientales	español	historia del arte
arqueología	computación	geografía	literatura
biología	economía	historia	química

1. **MARISSA**

_____
_____
_____

2. **FELIPE**

_____
_____
_____

3. **JUAN CARLOS**

_____
_____
_____

Lecciones 1–2 Fotonovela Video Test Items

Optional Test Sections

Fotonovela Video Test Items

1   La familia Describe at least two members of the Díaz family using what you remember from the **Fotonovela**.

alto/a	bonito/a	gordo/a	guapo/a	simpático/a	viejo/a
antipático/a	delgado/a	grande	pequeño/a	trabajador(a)	

_____

_____

_____

_____

_____

_____

Fotonovela Video Test Items

1   ¿Qué pasó? Write the conversation that is taking place in the picture using what you remember from the **Fotonovela** and at least seven words from the list.

cine	golf	montañas	salir
esquí acuático	gustar	museo	tenis
excursión	hacer	pasatiempos	
fin de semana	ir	ratos libres	

_____

_____

_____

_____

_____

_____

_____

     Lecciones 3–4 Fotonovela Video Test Items

Fotonovela Video Test Items

Lección 5

1 **¿Qué pasó?** Select one of the pictures and use what you remember from the **Fotonovela** to write the conversation that is taking place. Use the present progressive at least twice.

_____

_____

_____

_____

_____

Fotonovela Video Test Items

Lección 6

1 **¿Qué pasó?** Write sentences in the preterite to describe what happened in each scene. What did the girls buy? What did the boys buy? Were they happy with their purchases? Were the items inexpensive or expensive?

_____

_____

_____

_____

_____

_____

_____

_____

   Lecciones 5–6 Fotonovela Video Test Items

Fotonovela Video Test Items

1 **Protagonistas** Write a description of one of the **Fotonovela** characters. Mention his/her personality and what he/she likes to do.

_____

_____

_____

_____

_____

_____

_____

_____

Fotonovela Video Test Items

Lecciones 1–6

1 **Protagonistas** Describe an event that the characters shared using the preterite and what you remember from the **Fotonovela**.

_____

_____

_____

_____

_____

_____

_____

Lecciones 1–3/1–6 Fotonovela Video Test Items

Optional Test Sections

Panorama Textbook Section Test Items

1 **¿Cierto o falso?** Indicate whether these statements about the United States and Canada are **cierto** or **falso**. Correct the false statements.

	Cierto	Falso
1. La comida mexicana es muy popular en los Estados Unidos. _____	__	__
2. La Pequeña Habana es un barrio (*neighborhood*) de Cuba. _____	__	__
3. El desfile puertorriqueño (*Puerto Rican Parade*) se celebra en Miami. _____	__	__
4. Toronto y Montreal son las ciudades con más población hispana de Canadá. _____	__	__
5. Las enchiladas y las quesadillas son platos de Puerto Rico. _____	__	__
6. El cali-mex es una variación dela comida mexicana en los Estados Unidos. _____	__	__

Panorama Textbook Section Test Items

Lección 2

1 **España** Fill in the blanks with the appropriate words.

1. _____ es un plato típico de España.

   a. La paella   b. El tomate   c. La fajita

2. España tiene varias _____ oficiales.

   a. universidades   b. lenguas   c. ciudades

3. España es resultado de la combinación de diversas _____.

   a. lecciones   b. tizas   c. culturas

4. El chef José Andrés vive en _____.

   a. Nueva York   b. Washington, DC   c. Los Ángeles

5. José Andrés es dueño de varios _____ en los EE.UU.

   a. restaurantes   b. laboratorios   c. estadios

6. El Prado es _____ famoso.

   a. un pueblo (*town*)   b. un artista   c. un museo

Optional Test Sections

Panorama Textbook Section Test Items

Lección 3

1 **¿Cierto o falso?** Indicate whether these statements about Ecuador are **cierto** or **falso**. Correct the false statements.

	Cierto	Falso
1. El Cotopaxi es un volcán.	—	—
2. Mchas personas van a las islas Galápagos por sus playas.	—	—
3. Charles Darwin estudió (*studied*) las especies del volcán Cotopaxi.	—	—
4. Las islas Galápagos son famosas por sus tortugas (*tortoises*).	—	—
5. Oswaldo Guayasamín es un político ecuatoriano famoso	—	—
6. Los Andes dividen Ecuador en varias regiones.	—	—
7. Los turistas no practican deportes (*sports*) en la Sierra.	—	—
8. La Mitad del Mundo es un monumento ecuatoriano.	—	—

Panorama Textbook Section Test Items

Lección 4

1 **¿Cierto o falso?** Indicate whether these statements about Mexico are **cierto** or **falso**. Correct the false statements.

	Cierto	Falso
1. Los incas dominaron (*dominated*) en México del siglo (*century*) XIV al XVI.	—	—
2. Frida Kahlo era (*was*) la esposa de Octavio Paz.	—	—
3. Puedes ver obras (*works*) de Diego Rivera en el Museo de Arte Moderno de la Ciudad de México.	—	—
4. El D.F. es otro (*another*) nombre para la Ciudad de México.	—	—
5. México es el mayor productor de esmeraldas (*emeralds*) en el mundo.	—	—
6. Hay muchas ruinas en la Ciudad de México.	—	—
7. La ciudad de Monterrey es el centro económico y cultural de México.	—	—
8. La Ciudad de México está situada enTenochtitlán, la capital de la cultura azteca.	—	—

Lecciones 3–4 Panorama Textbook Section Test Items

1 **Conectar** Match the descriptions in Column A to the words in Column B.

A	B
_____ 1. Su uso es obligatorio en los documentos oficiales.	a. Puerto Rico
_____ 2. Actor puertorriqueño.	b. el Gran Combo de Puerto Rico
_____ 3. Protegía la bahía (*protected the bay*) de San Juan.	c. Camuy
_____ 4. Es un río subterráneo.	d. El Morro
_____ 5. Se hizo (*became*) estado libre asociado en 1952.	e. el inglés
_____ 6. Gracias a él, los científicos (*scientists*) pueden estudiar la atmósfera.	f. la salsa
	g. el Observatorio de Arecibo
_____ 7. Tiene origen puertorriqueño y cubano.	h. Benicio del Toro
_____ 8. Orquesta de salsa famosa.	

Panorama Textbook Section Test Items   **Lección 6**

1 **Completar** Fill in the blanks with items from the list.

Alicia Alonso	**Fidel Castro**	**el tabaco**	***Buena Vista Social Club***
colibrí abeja	**José Martí**	**europeos**	**inmigración**

1. _____ fue un poeta y político famoso.

2. El _____ es el ave más pequeña del mundo.

3. En Cuba viven muchos descendientes de africanos, _____,
   chinos y antillanos.

4. _____ bailó en el Ballet de Nueva York.

5. _____ es un producto importante para la economía cubana.

6. La mayoría de los músicos del _____ son mayores.

Optional Test Sections

Panorama Textbook Section Test Items

1 **Conectar** Match the descriptions in Column A to the countries in Column B.

A	B
_____ 1.Una de sus lenguas oficiales es el catalán.	a. Ecuador
_____ 2.Aquí celebran el día del orgullo puertorriqueño.	b. España
_____ 3.El volcán Cotopaxi está en este país.	c. Estados Unidos
_____ 4.El inglés y el francés son las lenguas oficiales de este país.	d. Canadá

Panorama Textbook Section Test Items

1 **Conectar** Match the descriptions in Column A to the countries in Column B.

A	B
_____ 1.Los músicos de *Buena Vista Social Club* son de esta isla.	a. Cuba
_____ 2.La Pequeña Habana es un barrio (*neighborhood*) de este país.	b. Ecuador
_____ 3.Aquí está el Museo del Prado.	c. España
_____ 4.Se hizo estado libre asociado en 1952.	d. Estados Unidos
_____ 5.Las islas Galápagos, famosas por sus tortugas (*tortoises*), son de este país.	e. México
	f. Puerto Rico
_____ 6.El francés es una lengua oficial en este país.	g. Canadá
_____ 7.Frida Kahlo nació en este país.	

Optional Test Sections

1 **Los hispanos en Nueva York y Montreal** Write English sentences describing what you remember about the video segments.

1.

_____

_____

_____

_____

2.

_____

_____

_____

_____

3.

_____

_____

_____

_____

Panorama cultural Video Test Items   **Lección 2**

1 **El Festival de San Fermín** Fill in the blanks with words from the list.

celebran	detrás de	mañana	turistas
delante de	llevan	noche	viajan

1. En España _____ muchas fiestas tradicionales.

2. Muchísimas personas _____ a Pamplona para ver los encierros (*the running of the bulls*).

3. En los encierros, muchas personas corren (*run*) _____ diecisiete toros (*bulls*).

4. Los encierros empiezan (*begin*) a las ocho de la _____.

5. Los participantes de los encierros _____ periódicos (*newspaper*) para defenderse de los toros.

6. Los hombres de la comunidad y muchos _____ participan en los encierros.

| 177 |

Optional Test Sections

Panorama cultural Video Test Items   Lección 3

1 **Las islas Galápagos** Fill in the blanks with words from the list.

cerca	tiene	turistas	viven
observan	tienen	vive	

1. En las islas Galápagos _____ muchos animales.

2. El archipiélago _____ fascinantes especies de animales.

3. Algunas tortugas (*some tortoises*) _____ más de (*more than*) cien años.

4. La islas Galápagos están _____ de la costa (*coast*) de Ecuador.

5. Las islas Galápagos reciben a muchos _____.

Panorama cultural Video Test Items   Lección 4

1 **Teotihuacán** Look at the picture and select the appropriate words to complete the sentences.

1. Las personas están en _____.

   a. Chichén Itzá   b. Teotihuacán   c. la capital mexicana

2. Ellos _____ en las pirámides.

   a. toman el sol   b. estudian arqueología   c. nadan

3. Se está celebrando _____.

   a. la cultura indígena   b. el equinoccio (*equinox*)   c. la independencia

4. A las cinco de la mañana la gente comienza a _____.

   a. bailar   b. cantar   c. escalar (*climb*)

5. Todos quieren sentir la energía _____ en sus manos.

   a. de las pirámides   b. del sol   c. de Tenochtitlán

                       Lecciones 3–4 Panorama cultural
Video Test Items

1 **El Viejo San Juan** Describe each picture with at least three Spanish sentences using what you remember from the video segment.

_____

_____

_____

_____

_____

_____

_____

_____

Panorama cultural Video Test Items

Lección 6

1 **La santería** Select the appropriate words to complete the sentences.

1. La santería es una práctica religiosa muy _____ en países latinoamericanos.

   a. nueva   b. aburrida   c. común

2. Los _____ son las personas que practican la santería.

   a. Eggún   b. cubanos   c. santeros

3. Las personas visitan a los santeros para _____ con ellos.

   a. recordar   b. conversar   c. comer

4. Los sacerdotes son los hombres y mujeres _____ en la santería.

   a. más viejos   b. importantes   c. inteligentes

5. En las reuniones, los sacerdotes y las familias _____.

   a. bailan   b. escriben   c. aprenden

6. La santería es una de las tradiciones cubanas más _____.

   a. antiguas   b. modernas   c. simpáticas

Optional Test Sections

Panorama cultural Video Test Items Lecciones 1–3

1   ¿Cierto o falso? Indicate whether these statements are **cierto** or **falso**. Correct the false statements.

1. ¿Qué celebran en agosto los dominicanos en Nueva York? _____

   _____

2. ¿Qué tienen en común el canal de televisión Telelatino, la revista *Picante* y el periódico

   El correo canadiense? _____

3. ¿Cuál es la actividad central del Festival de San Fermín? _____

   _____

4. ¿Dónde están las islas Galápagos? _____

   _____

Panorama cultural Video Test Items Lecciones 1–6

1   ¿Cierto o falso? Indicate whether these statements are **cierto** or **falso**. Correct the false statements.

1. En el estado de Nueva York hay mucha población hispana de origen puertorriqueño.

   _____

2. Ana María Seifert vive en Montreal.

   _____

3. En la actividad central del Festival de San Fermín muchas personas corren delante de diecisiete toros.

   _____

4. En las islas Galápagos no viven personas.

   _____

5. El Castillo de San Felipe del Morro es un sitio histórico nacional de México.

   _____

6. Regla es un barrio de La Habana donde se practica la santería.

   _____

Optional Test Sections

Flash cultura Video Test Items

1 **En la plaza** Answer these questions using English sentences.

   1. What is the importance of plazas in the cities and towns of the Hispanic world?

_____

_____

_____

_____

   2. Describe the greetings in the Spanish-speaking countries.

_____

_____

_____

_____

_____

_____

Flash cultura Video Test Items

1 **La UNAM** Indicate whether these statements are **cierto** (true) or **falso** (false).

	Cierto	Falso
1. La Ciudad de México no es importante.	—	—
2. La UNAM está en México, D.F.	—	—
3. En la UNAM hay dos mil estudiantes.	—	—
4. En la UNAM hay estudiantes de diferentes nacionalidades.	—	—
5. No hay residencias estudiantiles en la UNAM.	—	—
6. Varia personas famosas son ex alumnos o ex profesores de la UNAM.	—	—

Optional Test Sections

1 **Dos familias** Describe each family using what you remember from the episode and words from the list.

feliz	guapo	pequeño	tradicional
grande	numeroso	simpático	viejo

La familia Valdivieso... _____

_____

_____

La familia Bolaños... _____

_____

_____

Flash cultura Video Test Items

Lección 4

1 **¡Fútbol en España!** Write a summary of the episode using at least four Spanish sentences and words from the list.

aficionados	equipo	ganar	importante	pasión
celebrar	favorito/a	jugar	ir	perder

_____

_____

_____

_____

_____

_____

Flash cultura Video Test Items

1 **¡Vacaciones en Perú!** Write a summary of the episode using the present progressive. Include at least two direct object pronouns.

_____

_____

_____

_____

_____

_____

_____

_____

Flash cultura Video Test Items

1 **Comprar en los mercados** Describe what happened in each picture using the preterite. What did Randy buy? Where did he go? What did he do there?

_____

_____

_____

_____

_____

_____

_____

 Lecciones 5–6 Flash cultura Video Test Items

Flash cultura Video Test Items

Lecciones 1–3

1   **Un episodio** Select one of the **Flash cultura** episodes you have seen and write a summary.

_____

_____

_____

_____

_____

_____

_____

Flash cultura Video Test Items

Lecciones 1–6

1   **Un episodio** Select one of the pictures and write a summary of the corresponding **Flash cultura** episode.

_____

_____

_____

_____

_____

_____

_____

Alternative Listening Sections for **Pruebas A** and **B**

If you prefer that students complete a personalized task for the listening section, here are some suggestions you can use to adapt **Pruebas A** and **B**. You will need to read these questions aloud during the tests.

Lección 1

1   Escuchar You will hear five personal questions. Answer them with Spanish sentences.

1. ¿Cómo se llama usted?
2. ¿Cómo está usted?
3. ¿De dónde es usted?
4. ¿A qué hora es la clase de español?
5. ¿Cuántos estudiantes hay en la clase?

Lección 2

1   Escuchar You will hear five personal questions. Answer them with Spanish sentences.

1. ¿Qué música escuchas?
2. ¿Qué materias tomas?
3. ¿Te gusta bailar?
4. ¿Qué llevas en la mochila?
5. ¿Trabajas los domingos?

Lección 3

1   Escuchar You will hear five personal questions. Answer them with Spanish sentences.

1. ¿Tienes hambre ahora?
2. ¿Tienes sobrinos o sobrinas?
3. ¿Crees que eres trabajador(a)?
4. ¿Crees que tienes suerte?
5. ¿Te gusta comer en la cafetería de la universidad?

Lección 4

1   Escuchar You will hear five personal questions. Answer them with Spanish sentences.

1. ¿Dónde vas a comer hoy?
2. ¿Qué vas a hacer el sábado?
3. ¿Qué piensas hacer esta noche?
4. ¿Dónde te gusta pasar tus ratos libres?
5. ¿Te gusta ir al cine?

Lección 5

1   Escuchar You will hear five personal questions. Answer them with Spanish sentences.

1. ¿Qué tiempo crees que va a hacer el fin de semana?
2. ¿Cómo estás hoy?
3. ¿Qué quieres hacer en las vacaciones?
4. ¿Qué prefieres: las vacaciones en la playa o en la montaña?
5. ¿Cuál es la fecha de hoy?

Lección 6

1   Escuchar You will hear five personal questions. Answer them with Spanish sentences.

1. ¿Cuántas horas estudiaste para la prueba de español?
2. ¿Qué libro que leíste el año pasado te gustó más?
3. ¿Te compraron un regalo el mes pasado?
4. ¿A qué hora volviste a casa el fin de semana pasado?
5. ¿Viste ayer la televisión?

| 185 | Alternative Listening Section for **Exámenes A and B**

Optional Test Sections

Alternative Listening Section for **Exámenes A** and **B**

If you prefer that students complete a personalized task for the listening section, here are some suggestions you can use to adapt **Exámenes A** and **B**. You will need to read these questions aloud during the exams.

Lecciones 1–3

1 **Escuchar** You will hear five personal questions. Answer them with Spanish sentences.

1. ¿Cómo estás?

2. ¿De dónde eres?

3. ¿A qué hora es tu clase favorita?

4. ¿A qué hora terminan tus clases los viernes?

5. ¿Cómo se llaman tus padres?

Lecciones 4–6

1 **Escuchar** You will hear five personal questions. Answer them with Spanish sentences.

1. ¿Cómo eres?

2. ¿Qué te gusta hacer durante las vacaciones?

3. ¿Dónde comiste ayer?

4. ¿Qué haces los fines de semana?

5. ¿Qué vas a hacer este fin de semana?

 Alternative Listening Section for **Exámenes A** and **B**

Optional Test Sections

Answers to Quizzes

Lección 1

Contextos

1. a. 6 b. 2 c. 4 d. 1 e. 3 f. 5
2. Answers will vary.
3. Answers will vary.

Estructura

1.1 Nouns and articles

1. Answers will vary.
2. Some answers will vary. Sample answers: 1. la nacionalidad 2. el video 3. los/las turistas 4. los/las profesores/profesoras 5. el país 6. el diccionario 7. el día 8. el cuaderno 9. la maleta 10. los/las estudiantes
3. Answers will vary.

1.2 Numbers 0–30

1. Answers will vary.
2. Answers will vary.
3. Answers will vary.

1.3 Present tense of **ser**

1. Answers will vary.
2. Answers will vary.
3. Answers will vary.

1.4 Telling time

1. Answers will vary.
2. Answers will vary.
3. Answers will vary.

Lección 2

Contextos

1. Answers will vary.
2. Answers will vary.
3. Answers will vary.

Estructura

2.1 Present tense of **-ar** verbs

1. Answers will vary.
2. Answers will vary.
3. Answers will vary.
4. Answers will vary.

2.2 Forming questions in Spanish

1. Answers will vary.
2. Answers will vary.
3. Answers will vary.

2.3 Present tense of **estar**

1. Answers will vary.
2. Answers will vary.
3. Answers will vary.

2.4 Numbers 31 and higher

1. Answers will vary.
2. Answers will vary.
3. Answers will vary.

Lección 3

Contextos

1 Suggested answers: 1. Es programador. 2. Es mi cuñado. 3. Es artista. 4. Es médica. 5. Es mi nuera. 6. Son mis hermanastras.

2 Answers will vary.

3 Answers will vary.

4 Answers will vary.

Estructura

3.1 Descriptive adjectives

1 Answers will vary.

2 Answers will vary.

3 Answers will vary.

4 Answers will vary.

3.2 Possessive adjectives

1 Answers will vary.

2 Answers will vary.

3 Answers will vary.

3.3 Present tense of **-er** and **-ir** verbs

1 Answers will vary.

2 Answers will vary.

3 Answers will vary.

4 Answers will vary.

3.4 Present tense of **tener** and **venir**

1 Answers will vary.

2 Answers will vary.

3 Answers will vary.

Lección 4

Contextos

1 Suggested answers: 1. Es el centro. 2. Es un gimnasio. 3. Es un restaurante. 4. Es un café. 5. Es un museo.

2 Answers will vary.

3 Answers will vary.

4 Answers will vary.

Estructura

4.1 Present tense of **ir**

1 Answers will vary.

2 Answers will vary.

3 Answers will vary.

4.2 Stem-changing verbs: **e:ie, o:ue**

1 Answers will vary.

2 Answers will vary.

3 Answers will vary.

4.3 Stem-changing verbs: **e:i**

1 Answers will vary.

2 Answers will vary.

3 Answers will vary.

4.4 Verbs with irregular **yo** forms

1 Answers will vary.
2 Answers will vary.
3 Answers will vary.

Lección 5

Contextos

1 Answers will vary.
2 Answers will vary.
3 Answers will vary.

Estructura

5.1 Estar with conditions and emotions

1 Answers will vary.
2 Answers will vary.
3 Answers will vary.

5.2 The present progressive

1 Answers will vary.

2 Answers will vary.

3 Answers will vary.

5.3 Ser and **estar**

1 Answers will vary.

2 Answers will vary.

3 Answers will vary.

5.4 Direct object nouns and pronouns

1 Answers will vary.

2 Answers will vary.

3 Answers will vary.

Lección 6

Contextos

1 Answers will vary. Suggested answers: A. un traje de baño, unas gafas de sol B. un abrigo, unas botas C. un vestido, un traje D. unos (blue)jeans, una blusa
2 Answers will vary.
3 Answers will vary.

Estructura

6.1 Saber and **conocer**

1 Some answers will vary. Suggested answers: 1. Saben; Sí, (mis amigos y yo) sabemos bailar. 2. conocen; No, (nosotros) no conocemos un buen lugar para bailar en nuestra ciudad. 3. sabe; Mi padre no sabe cantar bien. 4. saben; No, (mis hermanos) no saben cómo se llaman mis profesores. 5. Conoces; No, (yo) no conozco a una persona famosa./Sí, (yo) conozco a Leonardo DiCaprio.
2 Answers will vary.
3 Answers will vary.
4 Answers will vary.

6.2 Indirect object pronouns

1 1. Answers will vary. Suggested answers: 1. Sí, Carlos me explica tu problema. 2. No, no quiero venderte la computadora. 3. La vendedora les va a mostrar unas corbatas. 4. Sí, nos está mirando. 5. No le ofrezco el trabajo a Carolina porque no es trabajadora.
2 Answers will vary.
3 Answers will vary.

6.3 Preterite tense of regular verbs

1 Answers will vary. Suggested answers: 1. Sí, ya la abrieron. Encontré unas plumas. 2. Sí, lo compré. Me costó dos dólares. Pagué en efectivo. 3. Sí, le llevé tu tarea. No, no escribió tu nota en el papel. 4. Sí, los vi. Hablamos de la tarea.
2 Answers will vary.
3 Answers will vary.

6.4 Demonstrative adjectives and pronouns

1 Some answers may vary. 1. aquella; centro comercial/centro 2. Ése; tienda de ropa 3. esta; casa 4. Esas; agencia de viajes
2 Answers will vary.
3 Answers will vary.

Answers to Quizzes

Answers to Tests

Lección 1

Prueba A

1 1. Cierto 2. Falso 3. Falso 4. Falso 5. Cierto
2 Answers will vary.
3 1. lápices 2. mujer 3. pasajeros 4. chicas
   5. estudiantes
4 1. Son las nueve y media/treinta de la mañana
   2. es a las diez y cuarto/quince de la mañana 3. es
   a las dos y veinticinco de la tarde 4. es a las cinco
   menos cuarto/quince de la tarde 5. Es a las ocho
   de la noche
5 1. buenas 2. te 3. llamo 4. dónde 5. Soy 6. qué
   7. la 8. nada 9. Nos 10. luego/pronto
6 Answers will vary.
7 1. El nombre de la chica es Mariana. 2. En el
   cuaderno hay números de teléfono. 3. El chico es
   de España. 4. El número de teléfono del chico es
   el veinticinco, catorce, veintitrés.
8 Answers will vary.

Prueba B

1 1. Falso 2. Falso 3. Falso 4. Falso 5. Cierto
2 Answers will vary.
3 1. foto 2. profesor 3. diccionarios
   4. computadora 5. cuadernos
4 1. Son las nueve y veinte de la noche. 2. es a las
   once de la mañana. 3. es a las tres menos
   cuarto/quince de la tarde. 4. es a las cuatro y
   media/treinta de la tarde. 5. Es a las diez de
   la noche.
5 1. días 2. llamas 3. me 4. tú 5. Mucho 6. gusto
   7. Eres 8. soy 9. A 10. vemos
6 Answers will vary.
7 1.El nombre del chico es Javier. 2. El chico es de
   Costa Rica. 3. En la maleta hay un diccionario,
   un mapa, una computadora y dos cuadernos.
   4. El número de teléfono de Sarah es el treinta
   y cuatro, veintinueve, cero seis.
8 Answers will vary.

Prueba C

1 Answers will vary.
2 1. La clase de biología es a las nueve de la
   mañana. 2. La clase de literatura es a las once
   menos cuarto/quince de la mañana. 3. La clase
   de geografía es a las doce (del día). 4. El
   laboratorio es a las dos y cuarto/quince de la
   tarde. 5. La clase de matemáticas es a las tres
   y media/treinta de la tarde.
3 1. El nombre del conductor es Armando. 2. En el
   autobús hay cinco maletas. 3. Las maletas son de
   los estudiantes de los Estados Unidos. 4. Es la
   una de la tarde. 5. El número de teléfono de
   Armando es el veinticuatro, treinta, doce.
4 Answers will vary.

Prueba D

1 Answers will vary.
2 1. La clase de biología es a las nueve y
   media/treinta de la mañana. 2. La clase de
   literatura es a las once y cinco de la mañana.
   3. La clase de geografía es a la doce y veinte de
   la tarde. 4. El laboratorio es a la una y
   cuarto/quince de la tarde. 5. La clase de
   matemáticas es a las tres de la tarde.
3 1. Hay dos maletas en el autobús. 2. Hay cuatro
   libros en el autobús. 3. Las maletas son de los
   turistas de México. 4. Son las seis de la tarde.
   5. El número de teléfono de Eduardo es el
   veintitrés, cero seis, quince.
4 Answers will vary.

Prueba E

1 1. c 2. a 3. c 4. a 5. c
2 1. e 2. c 3. d 4. b 5. a
3 a. 3 b. 5 c. 4 d. 2 e. 1
4 1. incorrecto 2. correcto 3. incorrecto
   4. correcto 5. correcto
5 1. es 2. son 3. somos 4. Es 5. eres 6. soy
6 1. dos diccionarios 2. tres autobuses 3. una
   escuela 4. una maleta 5. dos fotos 6. un
   cuaderno
7 1. nuevo 2. Nada 3. estás 4. es 5. se 6. presento
   7. gusto 8. soy 9. mío
8 1. Puerto Rico 2. Los Ángeles 3. estudiante
   4. 8 5. una 6. Mario

Prueba F

1 1. a 2. a 3. a 4. b 5. c
2 1. b 2. c 3. d 4. e 5. a
3 a. 4 b. 1 c. 5 d. 2 e. 3
4 1. correcto 2. incorrecto 3. correcto 4. correcto
   5. incorrecto
5 1. es 2. es 3. soy 4. eres 5. son 6. somos
6 1. dos diccionarios 2. una maleta 3. dos fotos
   4. cuatro maletas 5. una escuela 6. tres hombres
7 1. estás 2. bien 3. nuevo 4. es 5. llama 6. Hola
   7. el 8. nombre 9. Gracias
8 1. Perú 2. Boston 3. estudiante 4. ocho 5. tres
   6. José

Lección 2

Prueba A

1 1. Falso 2. Falso 3. Cierto 4. Cierto 5. Falso
2 Answers will vary.
3 Answers may vary slightly. 1. dónde está el libro
   de español 2. Te gusta (estudiar) (el) periodismo
   3. Por qué te gusta español/la materia/el curso
   4. Quién enseña la clase de español 5. Cuántas
   chicas hay en la clase
4 1. Hay novecientos estudiantes en total. 2. Hay
   cuarenta y siete estudiantes en la clase de
   matemáticas. Hay treinta estudiantes en la clase
   de literatura. 3. Ochenta y seis estudiantes hablan

| 190 |

español. 4. Setenta y dos estudiantes hablan otras lenguas. 5. Sesenta estudiantes estudian español.

5 1. estoy 2. gusta 3. estudio 4. terminan 5. regreso 6. trabaja 7. enseña 8. hablamos 9. miramos 10. llegas

6 Answers will vary.

7 1. La cafetería está al lado de la biblioteca. 2. Hay nueve estudiantes en la cafetería. 3. Mira a los estudiantes (que caminan por la escuela). 4. Estudia en la cafetería porque su amiga está en su casa con unas chicas. 5. El examen es el jueves a las once de la mañana.

8 Answers will vary.

Prueba B

1 1. Falso 2. Falso 3. Falso 4. Cierto 5. Cierto

2 Answers will vary.

3 Answers may vary slightly. 1. dónde está el diccionario 2. Te gusta estudiar español/Te gusta el español 3. Por qué te gusta estudiar español/la materia/el curso 4. Quién enseña la clase de español/Quién es el profesor 5. Cuántos estudiantes hay en la clase

4 1. Hay dos mil seiscientos cincuenta estudiantes en la escuela en total. 2. Hay mil ciento treinta y cuatro chicos en la escuela. 3. Hay mil quinientas dieciséis chicas en la escuela. 4. Hay treinta y cinco cursos. 5. Ciento cinco profesores enseñan en esta escuela.

5 1. estoy 2. gusta 3. está 4. estudio 5. trabajo 6. enseño 7. preparamos 8. escuchamos 9. necesitamos 10. llegas

6 Answers will vary.

7 1. La biblioteca está al lado del laboratorio. 2. En la biblioteca hay once estudiantes. 3. (Juan Antonio/Él) Camina a la cafetería y toma un refresco. 4. (Juan Antonio/Él) Estudia en la biblioteca porque necesita preparar el examen. 5. El examen es el viernes a las 10 de la mañana.

8 Answers will vary.

Prueba C

1 Answers will vary.

2 Answers will vary.

3 1. Estudia en la biblioteca de la escuela. 2. Está en la biblioteca porque no hay muchos estudiantes/porque necesita estudiar (para el examen de matemáticas). 3. Mira a los estudiantes (que caminan a clase). 4. El examen es el martes a las 10 de la mañana. 5. Desea llegar a casa a las tres (de la tarde) para tomar algo y escuchar música.

4 Answers will vary.

Prueba D

1 Answers will vary.

2 Answers will vary.

3 1. Estudia en su cuarto. 2. Porque necesita estudiar para el examen de historia. 3. No, no desea estudiar en la biblioteca porque siempre hay muchos estudiantes. 4. El examen es mañana, lunes, a la una de la tarde. 5. Camina a la cafetería (que está muy cerca) y toma un refresco.

4 Answers will vary.

Prueba E

1 1. falso 2. cierto 3. cierto 4. cierto 5. falso

2 1. quinientos cuarenta y seis 2. doscientos cinco 3. treinta y ocho 4. mil ciento diesiséis 5. ochocientos nueve

3 1. horario 2. trimestre 3. química 4. lado 5. Caminamos

4 1. c 2. b 3. e 4. d 5. a

5 1. c 2. b 3. c 4. c 5. b 6. a

6 1. estamos 2. estoy 3. está 4. están 5. estás 6. están

7 1. compramos 2. cenan 3. desayuno 4. explica 5. dibujan 6. pregunto 7. contesta 8. regresan 9. necesitan

8 1. b 2. c 3. b 4. b 5. c 6. a

Prueba F

1 1. cierto 2. cierto 3. cierto 4. falso 5. cierto

2 1. trescientos veinticuatro 2. ciento once 3. cuatrocientos dieciocho 4. mil quinientos treinta y siete 5. ochocientos diecinueve

3 1. regresar 2. química 3. detrás 4. Caminamos 5. trimestre

4 1. e 2. c 3. a 4. b 5. d

5 1. a 2. c 3. b 4. a 5. b 6. c

6 1. están 2. está 3. estoy 4. estamos 5. está 6. estás

7 1. ceno 2. estudian 3. conversa 4. dibuja 5. preguntan 6. trabaja 7. explican 8. regresan 9. desayunas

8 1. a 2. a 3. c 4. b 5. c 6. b

Lección 3

Prueba A

1 1. Falso 2. Falso 3. Cierto 4. Falso 5. Falso

2 Order of answers will vary. David es el abuelo de Graciela. Lupe es la tía de Graciela. María es la madre de Graciela. Ramón es el hermano de Graciela. Ernesto es el primo de Graciela. Descriptions of family members will vary.

3 1. Mis 2. nuestro 3. mi 4. tus 5. mi

4 1. vive 2. abre 3. son 4. tienen 5. asiste 6. comparten 7. escribe 8. recibe 9. comprenden 10. debe

5 Answers will vary.

6 1. Tiene veintitrés años. 2. Trabaja en la cafetería por las tardes. 3. Necesita estudiar química porque desea ser médico. 4. Su madre es médica. 5. Adrián vive con Vicente/un estudiante colombiano.

7 Answers will vary.

Prueba B

1 1. Cierto 2. Falso 3. Falso 4. Falso 5. Falso

2 Order of answers will vary. José Antonio es el sobrino de Luis Miguel. Pilar es la hija de Luis Miguel. Raquel es la cuñada de Luis Miguel. Eduardo es el hermano de Luis Miguel. Juan Carlos es el padre de Luis Miguel. Descriptions of family members will vary.

3 1. mi 2. mi 3. tu 4. tus 5. su

4 1. vivimos 2. escribe 3. lee 4. asisto 5. corremos 6. bebemos 7. comemos 8. debo 9. viene 10. comprendo

5 Answers will vary.

6 1. (Anabel/Ella) es argentina/de Argentina. 2. Vive con su prima Rosana. 3. Prepara la tarea en la biblioteca o en la cafetería. 4. No, no trabaja los domingos. 5. No, es fácil vivir con Rosana porque es fácil compartir sus problemas con ella.

7 Answers will vary.

Prueba C

1 Answers will vary.

2 Order of answers will vary. Joaquín es el esposo de la prima de Manuela. Pilar es la prima de Manuela. Ana María es la tía de Manuela. Eduardo es el padre de Manuela. Juan Carlos es el abuelo de Manuela. Descriptions of family members will vary.

3 1. Tiene quince años. 2. Trabaja en la biblioteca porque tiene tiempo para leer y estudiar. 3. Necesita estudiar inglés porque desea ser periodista. 4. Su madre es periodista. 5. Rosa vive con sus padres.

4 Answers will vary.

Prueba D

1 Answers will vary.

2 Order of answers will vary. Luis Miguel es el cuñado de Eduardo. José Antonio es el hijo de Eduardo. Pilar es la sobrina de Eduardo. Raquel es la esposa de Eduardo. Sofía es la madre de Eduardo. Descriptions of family members will vary.

3 1. (Raúl/Él) Es mexicano/de México. 2. (Raúl/Él) Debe estudiar mucho porque también trabaja por las tardes. 3. Su padre es artista. 4. (Raúl/Él) vive con sus padres. 5. (Raúl/Él) Habla con Peter en español porque Peter desea estudiar un año en España (y necesita practicar).

4 Answers will vary.

Prueba E

1 1. cierto 2. falso 3. falso 4. cierto 5. falso

2 1. d 2. e 3. c 4. a 5. b

3 1. cuñada 2. prima 3. yerno 4. madrastra 5. suegra

4 1. vienen 2. debes 3. vengo 4. asisto 5. corro

5 1. a 2. d 3. e 4. c 5. b

6 1. viene 2. tengo 3. tienes 4. comprendo 5. asistes 6. Vienes 7. comemos

7 1. mi 2. Sus 3. Sus 4. nuestra 5. Mi 6. tu 7. Sus 8. tus 9. Mis

8 1. cierto 2. falso 3. falso 4. falso 5. cierto 6. falso

Prueba F

1 1. cierto 2. falso 3. cierto 4. falso 5. falso

2 1. d 2. e 3. b 4. c 5. a

3 1. abuelos 2. sobrinos 3. suegra 4. padre 5. tíos

4 1. estoy 2. es 3. vienen 4. corro 5. tienes

5 1. e 2. a 3. c 4. b 5. d

6 1. comprendo 2. creo 3. simpática 4. difícil 5. vives 6. Vienes 7. comemos

7 1. mi 2. Nuestros 3. Sus 4. mis 5. Su 6. tus 7. Su 8. su 9. Nuestra

8 1. cierto 2. falso 3. cierto 4. cierto 5. falso 6. cierto

Lección 4

Prueba A

1 1. c 2. b 3. a 4. a 5. a

2 Answers will vary.

3 1. Vemos 2. prefiero 3. quiero 4. Pienso 5. entiendes 6. vamos 7. podemos 8. comienza/empieza 9. supongo 10. volvemos

4 Answers will vary.

5 1. Porque tiene un rato libre. 2. Sandra está en un parque de la ciudad. 3. Tiene ganas de descansar. 4. Sandra y Daniel piensan ir al museo. 5. Sandra quiere almorzar en un pequeño café que hay en la Plaza Mayor. 6. Daniel piensa que las montañas son muy bonitas.

6 Answers will vary.

Prueba B

1 1. c 2. a 3. c 4. c 5. b

2 Answers will vary.

3 1. Quieres 2. prefiero 3. podemos 4. juega 5. entiendo 6. supongo 7. vamos 8. Piensas 9. comienza/empieza 10. vuelves

4 Answers will vary.

5 1. Rubén está en la cafetería de la universidad. 2. Luis, Marta y él quieren salir. 3. Prefiere pasar tiempo en el gimnasio y después leer una revista. 4. Van a ir al museo y después a comer en un bonito restaurante del centro. 5. Va a estudiar a la biblioteca. 6. Tiene un examen de historia.

6 Answers will vary.

Prueba C

1 Answers will vary.

2 Answers will vary.

3 1. Está en el parque del centro de la ciudad.
2. Hay partidos cada fin de semana. 3. Puedo leer
mi correo electrónico en el café. 4. Puedo
practicar la natación, el ciclismo, el tenis, el
béisbol, el vóleibol y el baloncesto. 5. Answers
will vary.

4 Answers will vary.

Prueba D

1 Answers will vary.

2 Answers will vary.

3 1. El Club Ciudad Azul está en el centro de la
ciudad, al lado del Museo de Arte. 2. Puedo
practicar la natación, el baloncesto y el tenis.
3. Puedo leer el periódico en la biblioteca.
4. El número de teléfono es veinticuatro, noventa
y ocho, cincuenta. 5. Answers will vary.

4 Answers will vary.

Prueba E

1 1. cierto 2. falso 3. cierto 4. falso 5. cierto

2 1. consigo 2. conseguimos 3. cuento 4. pierdo
5. mostramos

3 1. Patricia va a leer el periódico en los ratos
libres. 2. Jorge va a visitar monumentos en el
centro. 3. Yo voy a jugar videojuegos el fin de
semana. 4. Nosotros vamos a nadar en el
gimnasio. 5. Lola y Daniel van a ir al parque.

4 1. c 2. a 3. b 4. c 5. b

5 1. empieza 2. juegan 3. pide 4. oye
5. preferimos 6. sigues

6 1. salgo 2. Oigo 3. veo 4. Traigo 5. hago
6. digo

7 1. consiguen 2. juega 3. muestra 4. prefieren
5. empezamos 6. recuerda 7. trae 8. podemos
9. quieres

8 1. a 2. c 3. a 4. a 5. c 6. b

Prueba F

1 1. cierto 2. cierto 3. falso 4. falso 5. falso

2 1. digo 2. decimos 3. duermo 4. entendemos
5. volvemos

3 1. Yo voy a escribir una carta a las tres de la
tarde. 2. Camilo y Natalia van a andar en
patineta en el parque. 3. Nosotros vamos a jugar
al tenis. 4. Paula va a pasear en bicicleta en el
centro. 5. Daniel va a ir a la iglesia el domingo.

4 1. c 2. c 3. a 4. b 5. b

5 1. cierra 2. repites 3. ve 4. recordamos
5. consigue 6. comienzan

6 1. oigo 2. traigo 3. hago 4. pongo 5. veo
6. digo

7 1. quiere 2. vuelven 3. piensan 4. sigue 5. pide
6. almuerza 7. visitas 8. recuerda 9. traemos

8 1. b 2. a 3. c 4. c 5. b 6. a

Lección 5

Prueba A

1 1. c 2. a 3. a 4. b 5. a

2 Answers will vary.

3 1. La biblioteca está en el primer piso. 2. La
habitación cuarenta y nueve está en el cuarto
piso. 3. El restaurante Vistas está en el quinto
piso. 4. El gimnasio está en el tercer piso.
5. La cafetería está en el segundo piso.

4 1. Toda la familia las hace. 2. Juan los pone en el
automóvil. 3. Mariselis los lleva. 4. Su hijo,
Emilio, las pide. 5. La abuela, Rosa, lo busca.
6. Juan los tiene. 7. Mariselis los va a comprar/va
a comprarlos. 8. La abuela y Mariselis/Ellas los
quieren visitar/quieren visitarlos.

5 1. Está 2. es 3. está 4. Estás 5. es 6. está 7. son
8. está 9. somos 10. estoy

6 Answers will vary.

7 1. Puedes pasar unas buenas vacaciones viajando
en barco por el Caribe y visitando las bonitas
playas puertorriqueñas. 2. Las personas que
prefieren las ciudades deben ir a San Juan.
3. El hotel El Gran Sol está abierto todo el año.
4. Los huéspedes del hotel pueden pasear por la
(interesante) ciudad. 5. Las diversiones del hotel
son pescar, ir de excursión, montar a caballo
y nadar.

8 Answers will vary.

Prueba B

1 1. b 2. a 3. a 4. b. 5. b

2 Answers will vary.

3 1. La biblioteca está en el segundo piso.
2. La habitación sesenta y dos está en el quinto
piso. 3. El restaurante Vistas está en el cuarto
piso. 4. El gimnasio está en el primer piso.
5. La agencia de viajes Sol está en el tercer piso.

4 1. Vicente las pone en el automóvil. 2. Isabel
los lleva. 3. Su hijo, José Manuel, la tiene.
4. Su hija Anabel lo busca. 5. Vicente los tiene.
6. La abuela e Isabel/Ellas quieren visitarlos/los
quieren visitar. 7. Vicente e Isabel quieren
escribirlas/las quieren escribir. 8. Todos quieren
tomarlo/lo quieren tomar.

5 1. Está 2. es 3. está 4. Estás 5. está 6. está
7. son 8. somos 9. está 10. estoy

6 Answers will vary.

7 1. Las personas activas pueden nadar, bucear,
viajar en barco y montar a caballo. 2. (Si estás
cansado/a) Puedes tomar el sol y pescar. 3. Por la
tarde puedes visitar la ciudad y por la noche
puedes cenar en restaurantes y bailar en las
discotecas. 4. Puedes visitar el hotel Mar Azul
todos los meses; está abierto todo el año. 5. En el
hotel hay excursiones en barco, excursiones a
caballo y clases de salsa.

8 Answers will vary.

Answers to Tests

Answers to Tests

Prueba C

1 Answers will vary.

2 Answers will vary.

3 1. El restaurante Latino está en el cuarto piso. 2. La habitación veintidós está en el segundo piso. 3. La biblioteca está en el quinto piso. 4. La cafetería está en el primer piso. 5. El gimnasio está en el tercer piso.

4 1. Los turistas pueden ir en autobús a la playa. 2. En el Viejo San Juan hay cafés, monumentos y restaurantes. 3. El hotel Morro está abierto todo el año. 4. Los huéspedes del hotel pueden tomar el sol en la playa. 5. Las diversiones del hotel son pescar, ir de excursión, montar a caballo y nadar.

5 Answers will vary.

Prueba D

1 Answers will vary.

2 Answers will vary.

3 1. El restaurante Tostones está en el sexto piso. 2. La habitación cuarenta y tres está en el cuarto piso. 3. La biblioteca está en el segundo piso. 4. La cafetería está en el primer piso. 5. La agencia de viajes Sol está en el tercer piso.

4 1. Los huéspedes del hotel Conquistador pueden ir a la playa en autobús. 2. En el Viejo San Juan hay museos, monumentos y muy buenos restaurantes. 3. Puedes visitar el hotel Coquí todos los meses del año porque está abierto todo el año. 4. Los huéspedes del hotel Coquípueden nadar y bucear. 5. En el hotel Coquí hay clases de salsa, excursiones en bicicleta y excursiones a caballo.

5 Answers will vary.

Prueba E

1 1. cierto 2. falso 3. cierto 4. falso 5. falso

2 1. Llueve. 2. Hace buen tiempo. 3. Está nublado. 4. Hace mucho viento. 5. Nieva.

3 1. f 2. e 3. g 4. c 5. d

4 1. está leyendo 2. estamos jugando 3. estás comiendo 4. está oyendo 5. están durmiendo

5 1. La puerta está abierta. 2. Víctor y Carlos son de Puerto Rico. 3. La clase es a las doce. 4. Nosotros estamos lejos de la estación. 5. Tú eres muy inteligente. 6. Yo estoy haciendo windsurf.

6 1. c 2. a 3. c 4. b 5. b 6. a

7 1. estamos 2. Nos 3. son 4. viviendo 5. haciendo 6. lo 7. estoy 8. descansando 9. Me

8 1. b 2. a 3. c 4. c 5. a 6. b

Prueba F

1 1. cierto 2. falso 3. cierto 4. falso 5. cierto

2 1. Hace buen tiempo. 2. Está nublado. 3. Está lloviendo. 4. Está nevando. 5. Hace mucho viento.

3 1. a 2. d 3. f 4. g 5. c

4 1. está jugando 2. están leyendo 3. estás nadando 4. está comiendo 5. están estudiando

5 1. Carla y yo estamos en el museo. 2. La fiesta es a las diez. 3. Tú eres costarricense. 4. El café está cerrado. 5. Yo estoy montando a caballo. 6. José y Roberto son primos.

6 1. b 2. c 3. b 4. a 5. c 6. a

7 1. están 2. Los 3. estamos 4. aburridos 5. las 6. enojado 7. haciendo 8. estoy 9. Es

8 1. a 2. b 3. a 4. c 5. b 6. c

Lección 6

Prueba A

1 1. c 2. b 3. a 4. b 5. a

2 Answers will vary.

3 1. éstas 2. Ésa 3. aquélla 4. Aquélla 5. Éstos 6. ésos 7. aquéllos

4 1. abrió 2. llegamos 3. tomamos 4. visitamos 5. volvimos 6. compré 7. recibió 8. vi 9. gastó 10. salimos

5 Answers will vary.

6 1. La ropa para la temporada de primavera-verano tiene/viene en muchos colores y es muy cómoda. 2. Los vestidos tienen variedad de estilos y colores. 3. Los zapatos que cuestan ciento cincuenta y nueve pesos son marrones/de color marrón.

7 Answers will vary.

8 Answers will vary.

Prueba B

1 1. b 2. a 3. a 4. c 5. b

2 Answers will vary.

3 1. aquéllos 2. éstos 3. ésa 4. Ésa 5. aquélla 6. Aquélla 7. éste

4 1. llegamos 2. abrió 3. esperamos 4. empezamos 5. compró 6. mostró 7. encontré 8. vi 9. salimos 10. cerraron

5 Answers will vary.

6 1. La moda viene en muchos colores para darles alegría a los días fríos. 2. Las nuevas botas son de colores verde y rosado. 3. Es de color verde.

7 Answers will vary.

8 Answers will vary.

Prueba C

1 Answers will vary.

2 Answers will vary.

3 1. La ropa viene en colores marrón y negro y es muy cómoda. 2. Pueden llevar trajes de pantalón y chaqueta. 3. El suéter negro es de lana. 4. El abrigo que cuesta cuatrocientos treinta pesos es rojo. 5. Pueden llevar los pantalones marrones para ir al trabajo.

4 Answers will vary.

Prueba D

1 Answers will vary.

2 Answers will vary.

3 1. La moda de primavera-verano viene en colores morado y azul y en estilos muy cómodos, pero elegantes. 2. Pueden llevar zapatos y bolsas de muchos estilos. 3. Venden diferentes estilos de faldas largas y trajes de pantalón y chaqueta para ir al trabajo. 4. Venden pantalones cortos y sandalias de todos los colores. 5. Venden trajes elegantes en colores claros y camisetas cómodas.

4 Answers will vary.

Prueba E

1 1. falso 2. cierto 3. cierto 4. falso 5. falso

2 1. d 2. a 3. e 4. b 5. c

3 1. sé 2. conoces 3. sabe 4. conocemos 5. saben

4 1. buscaron 2. vendió 3. escribimos 4. pagaste 5. llegó

5 1. f 2. c 3. e 4. a 5. b 6. d

6 1. Mario les presta dinero. 2. Ellos me escriben mensajes electrónicos. 3. Juana le vende una cartera. 4. La vendedora nos dice dónde comprar trajes de baño. 5. Lola te da los calcetines. 6. El vendedor les ofrece un descuento.

7 1. ofrecer 2. caras 3. tenis 4. efectivo 5. rebaja 6. número 7. traje 8. bolsa 9. esta

8 1. b 2. a 3. c 4. a 5. b 6. c

Prueba F

1 1. cierto 2. falso 3. falso 4. cierto 5. falso

2 1. a 2. d 3. c 4. e 5. b

3 1. sabe 2. conocen 3. sabes 4. conocemos 5. saben

4 1. compró 2. ofrecieron 3. busqué 4. pagamos 5. empezaste

5 1. d 2. f 3. c 4. e 5. a 6. b

6 1. Luis les paga con tarjeta de crédito. 2. Mariana les trae la ropa. 3. Félix me escribe un mensaje electrónico. 4. La vendedora te muestra los trajes de baño. 5. Elisabeth le compra calcetines. 6. Los padres nos dan dinero.

7 1. servirle 2. baratas 3. zapatos 4. efectivo 5. rebaja 6. calza 7. gafas 8. vestido 9. estos

8 1. b 2. c 3. a 4. a 5. b 6. b

Answers to Exams

Lecciones 1–3

Examen A

1 1. a 2. b 3. b 4. a 5. b
2 1. La clase es a las cuatro. 2. El profesor de español se llama Manuel Benito. 3. Hay diez chicos. 4. Dos chicos son de Santa Fe. 5. Paloma es de México.
3 Some answers will vary. Sample answers: 1. Hay seis mochilas. 2. Hay cuatro relojes. 3. Son las dos menos diez./Son las diez y diez. 4. Las computadoras están encima de/en la mesa. 5. Hay cinco cuadernos.
4 1. Tienes hambre 2. tengo ganas 3. tengo sueño 4. tengo calor 5. Tienes razón
5 1. soy 2. estudio 3. tomas 4. llego 5. necesitas 6. desayunamos 7. tomamos 8. descanso 9. escucho 10. deseo
6 Some answers will vary. Sample answers: 1. Yo salgo de casa a las siete y cuarto de la mañana todos los días. 2. El gimnasio cierra a las once menos cuarto de la noche. 3. Mario va a visitar el museo el fin de semana. 4. Yo juego al futbol trescientos sesenta y cinco días al año. 5. Tú duermes siete horas todos los días.
7 Answers will vary.
8 e. b. i. a. f. g. h. d. c. j.
9 Answers will vary.
10 1. Eugenio 2. Amanda 3. Amanda 4. Amanda 5. Amanda

Examen B

1 1. a 2. a 3. b 4. b 5. b
2 1. La clase es a las cuatro. 2. El profesor de español es de Ecuador. 3. Hay doce chicas. 4. Dos chicos son de Santa Fe. 5. Paloma es de México.
3 Some answers will vary. Sample answers: 1. Hay cuatro computadoras. 2. Las mochilas están debajo de la mesa. 3. Son las dos menos diez./Son las diez y diez. 4. Hay cinco cuadernos. 5. Hay cuatro relojes.
4 1. Tengo frío 2. tengo ganas 3. tengo miedo 4. Tienes razón 5. tienes hambre
5 1. soy 2. estudio 3. tomas 4. necesito 5. llegas 6. desayunamos 7. tomamos 8. descanso 9. escucho 10. deseo
6 1. Saliste 2. trabajó 3. Gastó 4. pagaron 5. compró
7 Answers will vary.
8 c. j. i. a. f. g. e. d. b. h.
9 Answers will vary.
10 1. ninguno 2. Eugenio 3. Amanda 4. Amanda 5. los dos

2 Answers will vary.
3 Answers will vary.
4 1. Tienes hambre 2. tengo ganas 3. tengo sueño 4. tengo calor 5. Tienes razón
5 1. está 2. está 3. estoy 4. es 5. estamos 6. está 7. está 8. es 9. es 10. estás
6 1. Viste 2. empecé/comencé 3. Gasté 4. prestaron 5. compré
7 Answers will vary.
8 Answers may vary. Possible answers: 1. Armando está tomando el sol en la playa. 2. Paola está nadando en el mar. 3. El señor Barrera está montando a caballo. 4. Gabriela está sacando/tomando fotos. 5. Francisco y Gustavo están jugando al vóleibol.
9 Answers will vary.
10 1. El hotel se llama Mar Azul. 2. El número de teléfono es tres cuarenta y cinco, dieciocho, cuarenta y siete. 3. Possible answer: En el hotel hay excursiones para visitar el parque nacional y conocer las playas de los pueblos vecinos. 4. No necesito dinero en efectivo porque aceptan/el hotel acepta todas las tarjetas de crédito. 5. Answers will vary.
11 Answers will vary.

Examen B

1 1. b 2. a 3. a 4. c 5. b
2 Answers will vary.
3 Answers will vary.
4 1. Tengo frío 2. tengo ganas 3. tengo miedo 4. Tienes razón 5. tienes hambre
5 1. están 2. está 3. es 4. está 5. estamos 6. estamos 7. es 8. está 9. está 10. ser
6 1. Saliste 2. trabajó 3. Gastó 4. pagaron 5. compró
7 Answers will vary.
8 1. José está leyendo el periódico. 2. Angélica y Jessica están jugando al fútbol. 3. Orlando está paseando en bicicleta. 4. Mercedes está sacando/tomando fotos/una foto. 5. Pablo y Lucía están caminando/paseando (por el parque).
9 Answers will vary.
10 1. Hay trece habitaciones para una persona. Cuestan ciento noventa y cinco dólares por noche. 2. Los huéspedes pueden nadar en la playa y en la piscina del hotel. 3. Pueden ir a las montañas con las excursiones del hotel./El hotel ofrece excursiones a las montañas. 4. No necesitas dinero en efectivo porque el hotel acepta todas las tarjetas de crédito. 5. Answers will vary.
11 Answers will vary.

Lecciones 4–6

Examen A

1 1. a 2. c 3. c 4. c 5. b

ANSWERS TO OPTIONAL TEST SECTIONS

Lección 1

Fotonovela Video Test Items

1   1. Marissa es de los Estados Unidos/de Wisconsin, Estados Unidos. 2. La señora Díaz es de Cuba. 3. El señor Díaz es de México/de Mérida, México. 4. Jimena y Felipe son de México.

Panorama Textbook Section Test Items

1   1. Cierto. 2. Falso. La Pequeña Habana es un barrio de Miami. 3. Falso. El desfile puertorriqueño se celebra en Nueva York. 4. Cierto. 5. Falso. Las enchiladas y las quesadillas son platos de México. 6. Cierto.

Panorama cultural Video Test Items

1   Answers will vary.

Flash cultura Video Test Items

1   1. Answers will vary. 2. Answers will vary.

Lección 2

Fotonovela Video Test Items

1   Order of items in the answers may vary. 1. Marissa: arqueología, español, geografía, historia, literatura 2. Felipe: administración, economía 3. Juan Carlos: ciencias ambientales, computación, química

Panorama Textbook Section Test Items

1   1. a 2. b 3. c 4. b 5. a 6. c

Panorama cultural Video Test Items

1   1. celebran 2. viajan 3. delante de 4. mañana 5. llevan 6. turistas

Flash cultura Video Test Items

1   1. Falso. 2. Cierto. 3. Falso. 5. Cierto. 6. Cierto.

Lección 3

Fotonovela Video Test Items

1   Answers will vary.

Panorama Textbook Section Test Items

1   1. Cierto. 2. Falso. Muchas personas van a las islas Galápagos por sus plantas y animales. 3. Falso. Charles Darwin estudió las especies de las islas Galápagos. 4. Cierto. 5. Falso. Oswaldo Guayasamín es un pintor ecuatoriano famoso. 6. Cierto. 7. Falso. En la Sierra los turistas practican deportes. 8. Cierto.

Panorama cultural Video Test Items

1   1. viven 2. tiene 3. tienen 4. cerca 5. turistas

Flash cultura Video Test Items

1   Answers will vary.

Lección 4

Fotonovela Video Test Items

1   Answers will vary.

Panorama Textbook Section Test Items

1   1. Falso. Los aztecas dominaron en México del siglo XIV al XVI. 2. Falso. Frida Kahlo era la esposa de Diego Rivera. 3. Cierto. 4. Cierto. 5. Falso. México es el mayor productor de plata en el mundo. 6. Cierto. 7. Falso. La Ciudad de México/México D.F. es el centro económico y cultural de México. 8. Cierto.

Panorama cultural Video Test Items

1   1. b 2. a 3. b 4. c 5. b

Flash cultura Video Test Items

1   Answers will vary.

Lección 5

Fotonovela Video Test Items
1   Answers will vary.

Panorama Textbook Section Test Items
1   1. e 2. h 3. d 4. c 5. a 6. g 7. f 8. b

Panorama cultural Video Test Items
1   Answers will vary.

Flash cultura Video Test Items
1   Answers will vary.

Lección 6

Fotonovela Video Test Items
1   Answers will vary.

Panorama Textbook Section Test Items
1   José Martí 2. colibrí abeja 3. europeos 4. Alicia
    Alonso 5. El tabaco 6. *Buena Vista Social Club*

Panorama cultural Video Test Items
1   1. c 2. c 3. b 4. b 5. a 6. a

Flash cultura Video Test Items
1   Answers will vary.

Lección 1–3

Fotonovela Video Test Items
1   Answers will vary.

Panorama Textbook Section Test Items
1   1. b 2. c 3. a 4. d

Panorama cultural Video Test Items
1   Answers will vary. Possible answers: 1. Los
    dominicanos celebran en agosto el día de la
    independencia de su país. 2. El canal de
    televisión Telelatino, la revista *Picante* y el
    periódico *El correo canadiense* ofrecen
    servicios en español. 3. Los encierros son la
    actividad central del Festival de San Fermín.
    4. Las islas Galápagos están en el océano
    Pacífico, cerca de la costa de Ecuador.

Flash cultura Video Test Items
1   Answers will vary.

Lección 1–6

Fotonovela Video Test Items
1   Answers will vary.

Panorama Textbook Section Test Items
1   1. a 2. d 3. c 4. f 5. b 6. g 7. 3

Panorama cultural Video Test Items
1   1. Cierto. 2. Cierto. 3. Cierto. 4. Falso. En
    cuatro de las islas Galápagos viven personas.
    5. Falso. El Castillo de San Felipe del Morro es
    un sitio histórico nacional de Puerto Rico.
    6. Falso. Regla es una ciudad cubana donde se
    practica la santería.

Flash cultura Video Test Items
1   Answers will vary.

Answers to Optional Test Sections

Photography and Art Credits